Choses de Sport

COURSES MILITAIRES

COURSES DE GENTLEMEN — RALLIE-PAPIERS

— CONCOURS HIPPIQUES —

PAR

UN GENTLEMAN

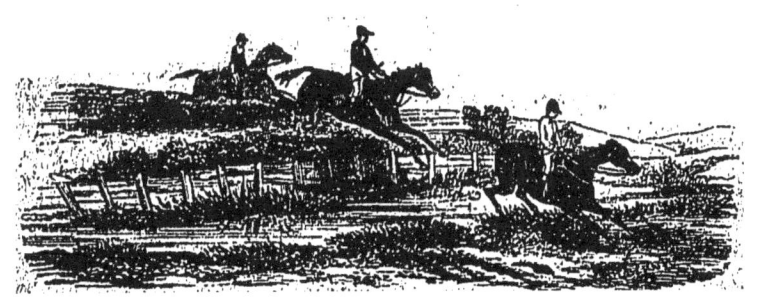

SAUMUR
LIBRAIRIE MILITAIRE S. MILON FILS
46, RUE D'ORLÉANS, 46
SEUL FOURNISSEUR-ADJUDICATAIRE DE L'ÉCOLE DE CAVALERIE

1887

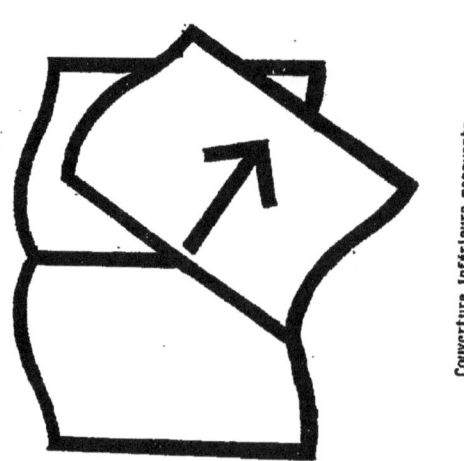

Couverture inférieure manquante

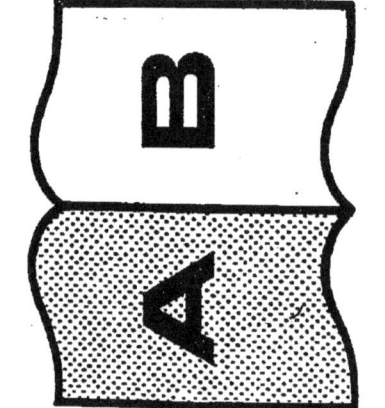

Contraste insuffisant
NF Z 43-120-14

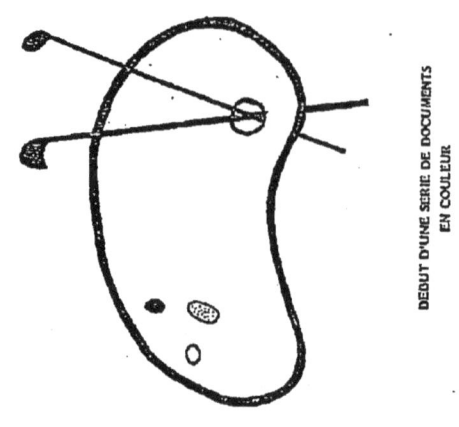

DEBUT D'UNE SERIE DE DOCUMENTS
EN COULEUR

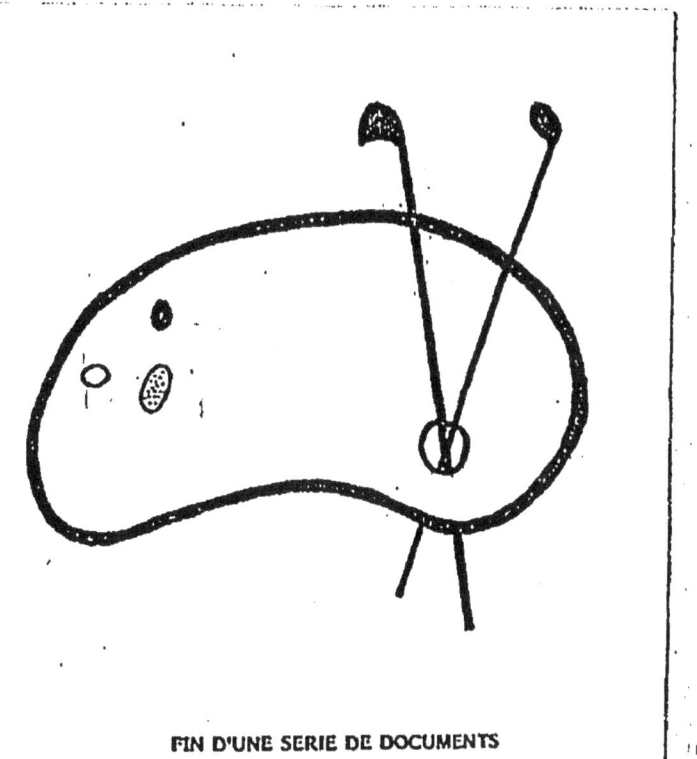

FIN D'UNE SERIE DE DOCUMENTS
EN COULEUR

Choses de Sport

ANGERS, IMP. BURDIN ET Cⁱᵉ, RUE GARNIER, 4.

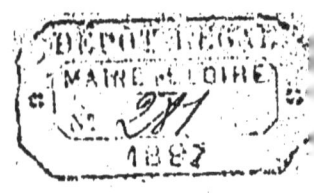

Choses de Sport

COURSES MILITAIRES

COURSES DE GENTLEMEN — RALLIE-PAPIERS

— CONCOURS HIPPIQUES —

PAR

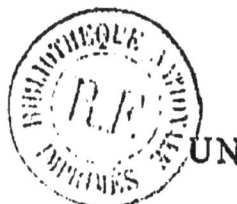

UN GENTLEMAN

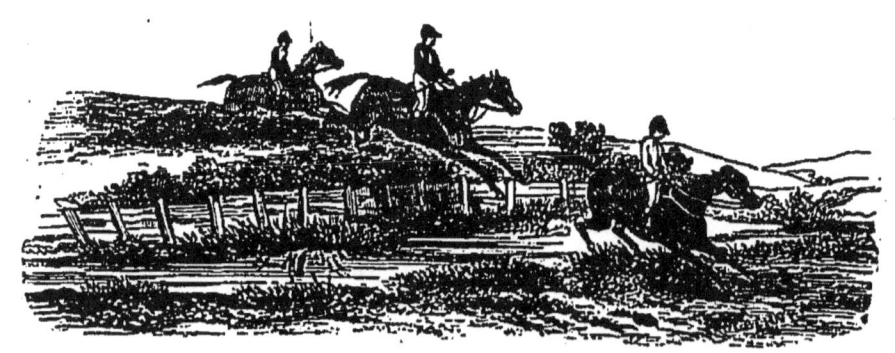

SAUMUR

LIBRAIRIE MILITAIRE S. MILON FILS

46, Rue d'Orléans, 46

SEUL FOURNISSEUR-ADJUDICATAIRE DE L'ÉCOLE DE CAVALERIE

—

1887.

COURSES MILITAIRES

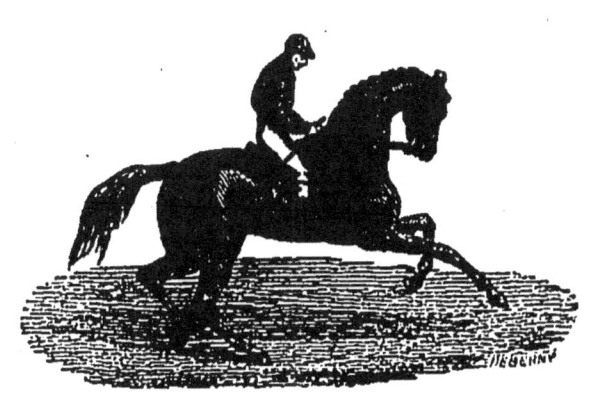

COURSES MILITAIRES

I

Quelques mots sur le temps passé. — Officiers, gentlemen-riders. — Impulsion nouvelle. — Le Grand Military à la Marche. — Steeple-Chases à Auteuil. — Règlements qui régissent actuellement les courses militaires.

Un vétérinaire célèbre a écrit en tête de son *Traité d'Hippologie* la sentence suivante : « Rien de ce qui concerne le cheval ne doit être étranger à l'officier de troupes à cheval. »

On peut dire que ces lignes ont été de tout temps la règle, la préoccupation constante de nos officiers. Sans doute il s'est trouvé, il se trouve encore, des jeunes gens que la force même des circonstances, plutôt qu'une véritable vocation a créés officiers de cavalerie. Ils montent à cheval correctement, sont souvent de parfaits militaires, mais ne sont point dévorés de ce feu sacré, de cette ardeur qui caractérisent le véritable homme de cheval. Ils ont heureusement toujours été nombreux dans notre armée ceux qui, nés avec la passion, élevés avec le culte du cheval, ont apporté au service cette passion et ce culte, qui sont à la fois des gentlemen-riders hardis et des écuyers de premier ordre.

Nous ne voulons point répéter ici ce que nous avons déjà dit ailleurs des courses à travers les différents âges; nous devons toutefois faire remarquer qu'autrefois tous ceux qui, à cheval, faisaient preuve de vigueur et d'habileté étaient des hommes de guerre.

Faut-il donc s'étonner que, dès l'apparition des courses, les premiers gentlemen aient presque toujours été des officiers? C'est tout récemment qu'on leur a ouvert, toute grande, la porte des hippodromes en créant les prix réservés aux chevaux d'armes; mais il y a longtemps déjà que tous ceux qui l'ont pu se sont inscrits en tête des gentlemen-riders. Bien des noms sont restés célèbres. Il y a une vingtaine d'années, ils étaient dans toutes les bouches. Parmi les plus illustres, citons seulement : le vicomte Artus Talon, capitaine Roques, vicomte de Pierre, Lenfumé de Lignières, comte de la Bigne, Lauriston, de Borelly, comte d'Évry, comte de Louvencourt, Chaverondier.

Les uns sont morts, les autres, par les positions élevées qu'ils occupent maintenant dans l'armée, n'ont pas peu contribué à lancer les jeunes officiers dans la voie où l'on est si heureux de les voir s'engager. Notons en passant que tous, ou presque tous, n'avaient point borné leur étude du cheval à l'entraînement et à la course. Ils étaient aussi des hommes de manège de première force, et plusieurs d'entre eux, notamment M. Chaverondier, aujourd'hui colonel, et Lenfumé de Lignières, général de brigade, ont laissé à Saumur d'impérissables souvenirs.

Nous ne partageons pas complètement l'opinion de certains hommes de cheval sur l'importance extrême qu'ils attachent au manège, mais nous sommes bien convaincu que la science, comme écuyers, des gentlemen-riders que nous venons de nommer, n'a pas peu contribué à leurs succès sur les hippodromes.

Nous devons une mention toute particulière au vicomte Talon.

Citons ici quelques lignes parues dans l'*Armée française* :

« Faire le panégyrique d'Artus Talon serait de la folie. Son nom a survécu à tous les événements, même les plus terribles. En Crimée, pendant le premier armistice, il bat au monastère Saint-Georges tout ce que l'armée anglaise possédait de gentlemen.

« Qui ne se souvient de la dernière victoire à Bade où, montant Régalia (c'était le chant du cygne), il obtint comme faveur extrême et presque mourant un répit de vingt minutes avant de se mettre en selle. Il enfourcha sa vaillante jument et gagna, plus mort que vif, le Grand Steeple-Chase de Bade, battant quatorze concurrents redoutables, montés par des gentlemen de la plus haute valeur.

« Après ce triomphe mémorable, il s'éteignit tout doucement, ne laissant que des regrets. »

Il était difficile alors aux officiers d'affronter les luttes hippiques.

A moins d'être déjà cavalier expérimenté, à moins de posséder des chevaux de premier ordre, il était inutile de se présenter au poteau.

Le « Grand Military » créé à la Marche fut le premier pas vers les courses militaires. Ce steeple de 6,000 mètres, ouvert aux officiers de toutes les nations, ne répondait au but que très imparfaitement. Belle course, pourtant, où notre armée fut toujours brillamment représentée.

Ce military a été couru huit fois :

Steeple-Chase militaire à la Marche, 6,000 mètres.

1861. — The colonel (cap. Hunt).
1862. — Topsy (J. Ortegal).
1863. — Jasmin (Dubourg).
1864. — L'Africain (Comte d'Evry).
1865. — Magenta (Lavignée).
1866. — Magenta (Lavignée).
1867. — Magenta (Lavignée).
1868. — Bon-Espoir (Fiershein).

Après la guerre néfaste contre l'Allemagne, après le premier instant de stupeur, la cavalerie reprit un nouvel élan, et cette fois dans une voie différente. Dès 1869, le chef d'escadron Bonie avait écrit :

« Loin d'avoir perdu de son importance, la cavalerie voit s'ouvrir devant elle un nouveau champ d'action par suite de ces expéditions hardies. Que nos régiments deviennent des instruments de vitesse, et l'on ne sera plus en droit de nous dire que nous n'avons point progressé comme les autres armes. »

Ce fut bientôt l'idée dominante : rendre la cavalerie plus mobile, plus vive, plus résistante à la fois. Le nouveau règlement introduit l'entraînement dans les régiments, entraînement du cheval de troupe qui n'a que peu de rapports avec l'entraînement du cheval de course. Il n'en est pas moins vrai que ce nouveau courant d'idées porta naturellement les jeunes vers les courses. Le pur sang commença à être connu dans l'armée. Ceux qui voulurent ouvrir les yeux reconnurent, comme le disait le baron d'Étreillis, de regrettée mémoire, que le cheval de pur sang, qui est le meilleur cheval de course, est aussi le meilleur cheval de manège et le meilleur cheval d'armes.

L'École de Saumur se peupla de ces vaillants animaux ; des steeple-chases militaires furent créés à Auteuil ; sur ce parcours sévère, il fallait avant tout des cavaliers parfaits, des chevaux de bon ordre et en très bonne condition. Chevaux et cavaliers se présentèrent nombreux.

Le concours hippique parut. Ce fut un succès pour les officiers.

Vint la Croix-de-Berny, 1884, et aujourd'hui on peut dire qu'il y a peu d'hippodromes où ne soit pas couru un steeple-chase militaire. Tout ce qui, dans l'armée est jeune, aime le cheval, est vraiment officier de cavalerie, paraît dans ces luttes, et, n'en doutons point, c'est certainement une parfaite école de la guerre. Nous reviendrons plus loin sur l'utilité des courses militaires. Occupons-nous du règlement, que nous reproduisons ici, certain qu'on nous en saura gré.

SOCIÉTÉ DES STEEPLE-CHASES DE FRANCE

RÈGLEMENT

SUR LES STEEPLE-CHASES MILITAIRES

Art. 1ᵉʳ. — Aucun prix en argent ne pourra être affecté aux steeple-chases auxquels seront admis les militaires. Les prix consisteront en objets d'art ou objets ayant une utilité militaire.

Art. 2. — *La tenue militaire sera toujours de rigueur* : dolman, tunique sans épaulettes, culottes et bottes.

Art. 3. — Les engagements ne comporteront aucune entrée, mais l'engagement devra toujours être accompagné d'une autorisation des chefs de corps portant approbation du Général Commandant le corps d'armée.

Art. 4. — Il y aura trois séries de steeple-chases militaires :

1° STEEPLE-CHASE MILITAIRE DE 3ᵉ SÉRIE

Pour officiers en activité de service montant leurs *propres* chevaux d'armes inscrits sur les contrôles et livrés par les remontes de l'État.

Poids commun : Cavalerie de réserve, 77 kil.; Cavalerie de

ligne, 75 ; Artillerie, 75 kil. ; Cavalerie légère, 72 kil. ; Autres armes et service, 72 kil.

Les chevaux de pur sang de cette catégorie, à quelque arme qu'ils appartiennent, porteront 77 kil. Tout gagnant d'un steeple-chase militaire de 3ᵉ série portera 3 kil. de surcharge. Le gagnant de deux steeple-chases portera 5 kil.

Distance : 2,000 mètres au minimum.

2° STEEPLE-CHASE MILITAIRE DE 2ᵉ SÉRIE

Pour officiers en activité de service montant des chevaux d'armes inscrits sur les contrôles et livrés par les remontes de l'État.

Poids commun ; Cavalerie de réserve, 77 kil. ; Cavalerie de ligne, 75 kil. ; Artillerie, 75 kil. ; Cavalerie légère, 72 kil. ; Autres armes et service, 72 kil.

Les chevaux de pur sang de cette catégorie, à quelque arme qu'ils appartiennent, porteront 77 kil.

Tout gagnant d'un steeple-chase militaire de 2ᵉ série portera 3 kil. de surcharge ; tout gagnant de deux steeple-chases portera 5 kil.

Distance : 2,000 mètres au minimum.

3° STEEPLE-CHASE MILITAIRE DE 1ʳᵉ SÉRIE

Pour officiers en activité de service montant soit des chevaux d'armes, soit des chevaux appartenant à des officiers en *activité de service, trois mois* au moins avant l'époque de l'engagement et n'ayant jamais gagné une course publique à obstacles autre que les steeple-chases militaires.

Poids commun : 75 kil. — Les chevaux de pur sang porteront 5 kil. de surcharge.

Tout gagnant d'un steeple-chase militaire de 1re série portera 3 kil. de surcharge ; tout gagnant de deux steeple-chases portera 5 kil.

Distance : 3,000 mètres au minimum, mais exclusivement à travers pays et en dehors de tout parcours d'hippodrome.

ART. 5. — Tout cheval ayant gagné un steeple-chase militaire de 2º série ne pourra plus courir un steeple-chase militaire de 3º série.

Tout cheval ayant gagné un steeple-chase militaire de 1re série ne pourra plus courir à un steeple-chase de 2º série, ni de 3º série.

Tout cheval ayant gagné trois steeple-chases militaires soit de 3º, soit de 2º, soit de 1re série, ne pourra plus courir les prix de la série où il aura été trois fois vainqueur.

ART. 6. — Aucune permission de courir ne sera donnée pendant la période des grandes manœuvres.

ART. 7. — Les courses auxquelles des sous-officiers pourront être autorisés à prendre part seront toujours des steeple-chases de 3º série.

ART. 8. — Dans les cas non prévus par le présent Règlement, le Code des steeples sera en vigueur.

Approuvé : *Le Ministre de la guerre,*
FARRE.

Les poids ont été variés suivant les armes. En apparence, cette variation paraît équitable ; mais, en réalité, c'est un véritable non-sens. Les chevaux de cuirassiers sont assimilés aux chevaux de pur sang. On sait pourtant combien, d'ordinaire, ils en sont éloignés. Les chevaux les moins chargés sont les chevaux de cavalerie légère, qui, presque toujours, ont beaucoup de sang. D'un autre côté, les chevaux de pur sang ont une surcharge insignifiante qui leur permet de prendre la première place toutes les fois qu'ils n'ont pas à lutter entre eux. Il nous semblerait préférable de mettre un poids commun à toute la cavalerie, 75 kilos, par exemple, et de donner 5 kilos de surcharge aux chevaux de pur sang.

II

Chevaux aptes aux military. — Le cheval de pur sang dans l'armée. — Son avantage. — Préventions contre lui. — But visé par les courses militaires. — Courses de haies réservées aux officiers. — Steeple-Chases à Auteuil. — Courses de sous-officiers. — Officiers allemands. — Importance qu'ils attribuent aux courses. — Statistiques.

Une question se pose tout naturellement ici. Où le jeune officier qui veut courir choisira-t-il son cheval? Nous n'hésitons point à le dire, il le trouvera rarement dans son régiment. Parfois pourtant, quelques chevaux très près du sang, pris dans le rang, ont fait de très belles courses. On a même vu des chevaux relativement communs galoper à travers pays d'une façon tout à fait inattendue. On n'a point perdu le souvenir de *Turco* qui gagna la Croix-de-Berny, ni de *Phalène*, cette jument grise qui a paru fréquemment à Fontainebleau et sur d'autres hippodromes. Mais on peut dire que ce sont des exceptions. Dans la cavalerie légère, les chevaux de Tarbes présentent assez fréquemment une réelle qualité. Dans les autres régiments, on trouve quelquefois de très bons chevaux parmi ceux que la remonte est allée acheter en Angleterre. Ces hunters sont de remarquables sauteurs et présentent un fonds inépuisable. Très rarement on trouvera des chevaux qui galopent dans les lots de normands envoyés par les dépôts.

Aussi, n'hésitons-nous pas à le dire, l'officier qui veut courir des steeple-chases militaires doit profiter de la faculté qui lui est donnée d'acheter son cheval dans le commerce. Il choisira donc un cheval de pur sang, qu'il présentera à la commission d'achat de son régiment. Chose terriblement difficile que de faire acheter un cheval de pur sang par la commission.

Tous ceux qui s'occupent de courses savent qu'un cheval de quatre ans porte bien souvent, presque toujours, les traces des fatigues qu'il a supportées. Rarement ses aplombs sont parfaits, surtout s'il est né brassicourt, comme cela est assez commun chez les pur sang.

Eh bien ! la plupart du temps l'officier voit la commission d'achat refuser de payer 1,200 fr. un cheval de pur sang, que lui-même a eu beaucoup de peine à trouver et souvent qu'il a payé beaucoup plus cher. Quand on songe que ces normands lymphatiques, qui sont en majorité dans les régiments, reviennent à près de 2,000 fr., l'un dans l'autre, au moment où ils sont aptes à servir, on a peine à s'expliquer qu'on hésite à payer 1,200 fr. un cheval fait, éprouvé et d'une qualité supérieure.

Heureusement que, parfois, une impulsion d'en haut est donnée, qui force un peu la main, et on pourrait citer des régiments où tous les officiers sont montés en chevaux de pur sang. Croyez bien que ce ne sont pas les moins bons de nos régiments.

Cette impulsion vers le pur sang est encore toute récente, mais déjà son influence se fait sentir. Le nombre des chevaux de pur sang qui ne peuvent supporter l'entraînement, ou n'ont pas une qualité suffisante pour continuer leur carrière de courses, est naturellement restreint. On ne doit donc pas s'étonner que leur prix ait augmenté très rapidement. Il est devenu aujourd'hui à peu près impossible à un officier de se remonter avec un pur sang, tout en restant dans les prix des commissions. Un exemple récent nous l'a prouvé encore.

Par une décision ministérielle, les régiments ont été autorisés à acheter dans le commerce cinq chevaux de troupe. L'un d'eux a chargé un marchand de chevaux s'occupant spécialement de la vente du pur sang, d'essayer de trouver au moins un ou deux chevaux de pur sang. Le régiment était un régiment léger, n'ayant pas, par conséquent, besoin d'une taille élevée; de plus, on était décidé à passer sur bien des petites choses; malgré tout cela, le marchand n'a pas envoyé un seul cheval. Il préférait naturellement les vendre beaucoup plus cher et les demandes n'ont pas cessé d'être plus nombreuses même qu'il ne l'eût désiré.

Quoi qu'il en soit, beaucoup de chevaux de pur sang sont entrés dans l'armée. On peut dire que tous font un très bon service. M. Édouard Cavailhon, rédacteur du journal *l'Entraîneur*, a traité cette question dans son ouvrage intitulé *les Courses et les Paris*. Son argumentation est très simple : « Que l'on consulte les officiers détenteurs de chevaux de pur sang et qu'on réunisse leurs avis. Si ces avis sont unanimes à vanter le cheval de pur sang, c'est qu'évidemment il est apte au métier des armes. »

Quoi qu'il en soit, c'est avec les chevaux de pur sang que l'officier courra les steeple-chases militaires. Nous devons le dire, ici, souvent encore bien des difficultés l'arrêteront.

S'il se trouve des colonels, des généraux qui encouragent les courses, il y en a qui ne les aiment guère et fréquemment on voit des officiers forcés d'y renoncer. Sans doute et déjà quelques abus se sont produits. On a vu de rares jeunes gens dépasser la mesure, courir plusieurs fois par semaine et dans tous les coins de la France. Le service pouvait en souffrir. Rien de plus naturel que de réprimer cette effervescence. Mais en matière de courses, comme partout ailleurs, il y a un juste milieu; il y a l'officier qui, de temps en temps le dimanche, fait un déplacement et se trouve à cheval à la manœuvre du lundi matin.

L'on songe fréquemment aux inconvénients qui

peuvent résulter des courses militaires, mais quel avantage le corps d'officiers n'a-t-il pas à en retirer ? Au lieu de s'en tenir strictement à son service, de se lever à l'heure juste de la manœuvre, l'officier est souvent à cheval avant l'aube ; il prépare son cheval. Lui-même est dans un état continuel d'entraînement, il est apte à tout ce qui demande de la vigueur. Il s'observe à table pour ne pas prendre trop de poids, il ne boit pas. Sa vie en un mot est absolument réglée. Dites-moi, que penserait-on d'un corps d'officiers comme celui que nous venons de dépeindre ?

Mais pourquoi soutenir un plaidoyer en faveur des courses militaires ? Elles ont gagné leur procès et commencent à être justement en honneur. Revenons à nos moutons, c'est-à-dire au côté pratique de la question.

L'officier qui a choisi son cheval, qui l'a entraîné, demande l'autorisation au général commandant le corps d'armée. Cette formalité, on le comprend aisément, est très ennuyeuse, puisqu'elle force à savoir au moins quinze jours à l'avance, si on va courir et auquel de ses engagements on va se rendre, dans le cas où l'on en a plusieurs à la fois.

Aujourd'hui, il faut bien l'avouer, les courses militaires sont rarement très belles. Le manque d'expérience d'un certain nombre de cavaliers, la différence énorme de qualité qui existe entre les chevaux font que souvent la lutte est minime. Il n'en est pas de même quand se trouvent en présence des officiers déjà éprouvés montant des chevaux ayant également fait leurs preuves, et alors rien n'est plus agréable à l'œil que cette lutte d'uniformes. Les plus belles courses militaires sont certainement celles que donne l'École de cavalerie sur les landes de Verrie-Saumur. Les obstacles durs, le terrain accidenté, rien ne manque à la fête, et c'est certainement un spectacle unique que les jeunes officiers montant les pur sang de l'École par-dessus les talus et les murs.

La Croix-de-Berny aussi, avec ses Cross Country militaires, réunit l'élite des cavaliers et des chevaux.

En dehors des trois séries de courses militaires dont nous avons parlé, il existe encore quelques autres genres de courses réservées aux officiers. A la Marche, à Saint-Ouen et sur quelques hippodromes, on a créé des courses de haies (handicap). Les chevaux pouvant prendre part à ces luttes doivent remplir les mêmes conditions que pour les steeple-chases 1re série.

Enfin la Société des Steeple-Chases a réservé quelques prix aux officiers. Ces prix sont, en 1886, au nombre de quatre :

Prix Amaranthe, 3,000 mètres (parcours n° 5 *bis*); prix de Verrie, même parcours, prix d'Été, même parcours; prix Artus Talon, même parcours.

Aucune condition n'est exigée pour la qualification des chevaux; aussi ceux qui courent sont-ils presque toujours choisis parmi les meilleurs de la spécialité. Les propriétaires les offrent aux officiers. En 1885, trois de ces épreuves ont été gagnées par M. de Contades, lieutenant sous-écuyer à l'École de cavalerie, avec une chance et aussi une habileté persistantes.

Il montait la première fois, *Entraineur*; la deuxième fois, *Entraineur*; la troisième fois, *Creil*.

Les sous-officiers ne sont point exclus des courses militaires. On conçoit facilement que les courses qui leur sont réservées sont beaucoup moins fréquentes que celles réservées aux officiers. Ce sont des steeple-chases de 3° série.

Nous croyons inutile d'insister davantage sur les courses militaires. Ce qui prouve leur excellence, leur utilité, leur nécessité, c'est l'empressement avec lequel les autres grandes nations de l'Europe se sont mises à les encourager. Les Allemands, surtout, n'ont rien négligé de ce côté, et même faut-il le dire, c'est sous nos yeux qu'ils viennent chercher leurs chevaux. Ils les achètent au Tattersall, chez Chéri, chez MM. Herbinière et Gabier, partout à Paris et se contentent de les payer quelques centaines de francs plus cher que les officiers français.

Nous ne pouvons mieux faire ici que de reproduire un article du *Figaro*, signé Robert Milton et paru au lendemain de la Croix-de-Berny.

« Les courses ont été des plus intéressantes et j'ai été particulièrement heureux de constater les progrès de nos officiers, comme gentlemen-riders. Ils ont monté avec beaucoup de tact et d'énergie. Je ne puis m'empêcher de penser au développement pris par ces courses en Allemagne. Le *Sporn* de Berlin publiait récemment la liste des chevaux à l'entraînement, de l'institut militaire de cavalerie, et sur cette liste on ne trouve pas moins de quarante-six chevaux, apparte-

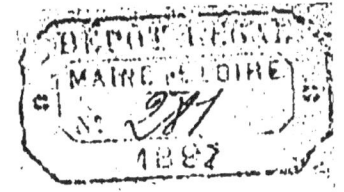

Choses de Sport

COURSES MILITAIRES

COURSES DE GENTLEMEN — RALLIE-PAPIERS

— CONCOURS HIPPIQUES —

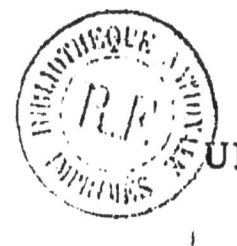

PAR

UN GENTLEMAN

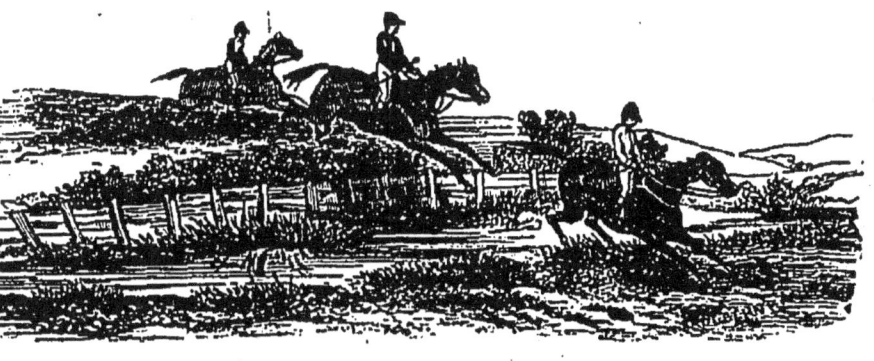

SAUMUR

LIBRAIRIE MILITAIRE S. MILON FILS

46, Rue d'Orléans, 46

SEUL FOURNISSEUR-ADJUDICATAIRE DE L'ÉCOLE DE CAVALERIE

1887.

Bade. Voilà des choses qu'il ne faut pas ignorer. Je suis sûr que nos officiers ne tarderont pas à en faire autant si on leur en fournit l'occasion.

« Nous avons vu hier M. Varin, qui, après s'être exercé dans les petites courses de province, a monté les vainqueurs des deux steeple-chases militaires. Ayons dans notre cavalerie la même devise qu'Auteuil : En avant! »

On trouve dans l'article reproduit ci-dessus ce qu'ont fait les Allemands en 1884. Il est facile de prouver par le tableau suivant que les courses militaires ont été encore en progrès en 1885 chez nos ennemis séculaires.

Aux renseignements statistiques déjà donnés sur les courses en Allemagne pendant l'année 1885, il faut ajouter les suivants qui fournissent une idée du nombre des épreuves disputées par les gentlemen-riders et surtout par les officiers dans ce pays.

206 officiers ou gentlemen ont été vainqueurs dans les courses publiques ; ils ont gagné 559 courses.

Les plus favorisés ont été :

	Courses.	Victoires.	Second.
Le chef d'escadron de Kramsta ..	66	31	13
Le lieutenant comte Dohna.......	48	22	11
M. Moore........................	50	21	10
Le lieutenant comte Westarp	59	19	14
Le lieutenant comte Winterfeld ..	34	17	7
M. Suermondt...................	43	16	14
M. de Tepper-Laski.............	45	13	15
De Thumb.......................	24	13	10
Le lieutenant Suermondt........	22	13	10
Le lieutenant comte Lehndorff...	50	13	16
Le comte von Heyden-Linden ...	47	12	12

20 autres officiers ou gentlemen gagnent de 4 à 11 courses. 14 autres ont remporté 3 victoires, les autres ne comptent à leur actif qu'un ou deux succès. Si l'on déduit des chiffres indiqués ci-dessus les gentlemen ayant gagné 107 courses, il reste 174 officiers vainqueurs dans 452 épreuves.

Ces chiffres sont énormes. Les nôtres sont loin de pouvoir soutenir la comparaison. Nous les donnons ci-dessous. Puissent-ils nous aider à propager les courses militaires et surtout à garder pour nos officiers les excellents chevaux de pur sang, qui actuellement sont achetés par nos ennemis, avec la pensée intime de s'en servir contre nous.

En 1885, 169 courses militaires ont été gagnées par 83 de nos officiers.

Les plus heureux ont été :

MM. De Bacquencourt...............	11	victoires
De Contades..................	9	—
Varin.......................	8	—
Champion	8	—
De Boulemont.............	7	—
De la Boutetière..............	6	—
Magnier.....................	6	—
De Fleury	6	—
De Porcaro..................	5	—
André Joubert................	4	—
Foache	4	—

Ces renseignements sont déjà vieux de plus d'une année, nous devons ajouter ici de plus récents documents.

En 1887 (janvier à octobre), quatre-vingts officiers ont gagné des courses. Parmi ceux qui ont remporté les plus nombreux succès, nous trouvons :

MM. De Vésian....................	19	victoires
De la Boutetière..............	9	—
Léonard.....................	8	—
De Colbert...................	7	—
Dilschneider.................	6	—
Grangez du Rouet............	6	—
Varin.......................	5	—
D'Armaillé...................	5	—
De Fontenillat	5	—
De Roujoux..................	4	—
Féline......................	4	—
De Bacquencourt.............	4	—

Et maintenant pourquoi ne pouvoir terminer ce chapitre sans évoquer le souvenir d'un deuil tout récent ? Tous les hommes de cheval, tout le monde du sport connaissaient et appréciaient M. de Fleury. Que de fois ne l'avait-on pas vu conduire à la victoire son vieux cheval *Pistolet*? On admirait son élégante assiette, on applaudissait la façon magistrale dont il savait prendre un obstacle. Par sa grande connaissance du train, par son sangfroid il savait éviter la chute, et lui, qui avait franchi tant de steeple-chases, se plaisait à répéter qu'il n'avait jamais éprouvé d'accident.

A peine revenu des manœuvres du 9me corps, il montait à Craon son vieux cheval. Vainqueur le premier jour, il partit le second dans le prix départemental, steeple-chase à réclamer (26 septembre 1887). *Pistolet* s'abat sur une simple haie, et *Fantasia* sautant derrière lui atteint d'un coup de pied le malheureux officier. Transporté à l'hôpital de Craon, M. de Fleury y mourait deux jours après sans avoir repris connaissance.

Sa mort est venue attrister non seulement tous ses amis, mais tous ceux qui le connaissaient. Sympathique à tous, cherchant à rendre service, d'un caractère doux, il était universellement aimé.

Sorti de Saint-Cyr en 1882, le lieutenant Maurice Le Caron de Fleury n'avait que vingt-sept ans.

COURSES DE GENTLEMEN

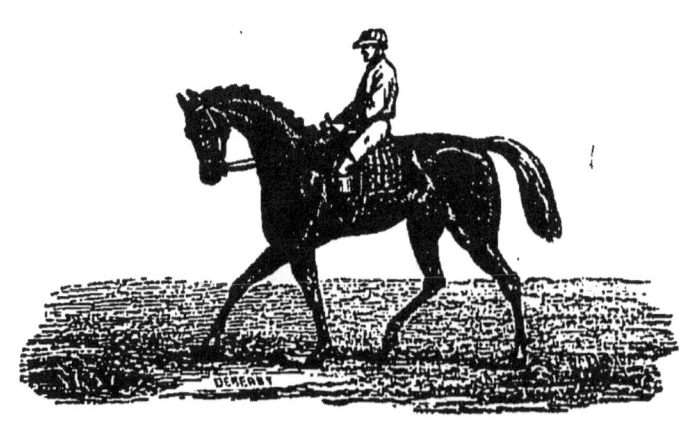

COURSES DE GENTLEMEN

CHAPITRE Ier

Ce que c'est qu'un gentleman-rider. — A qui les courses sont-elles réservées? — N'est pas gentleman qui veut. — Gentleman-farmer. — Liste des gentlemen.

Vous souvient-il du jour où, pour la première fois, revêtus d'une casaque, coiffés d'une toque, chaussés de bottes à revers vous parûtes au public ?

Dites-le-moi, bien franchement, votre cœur ne se gonflait-il pas d'un secret orgueil, la vie ne vous paraissait-elle pas meilleure, ne vous sentiez-vous pas plein d'une ambition et d'une ardeur nouvelles ?

Et quand vous avez passé le premier poteau de la victoire, quand vous avez relevé la tête après une longue et pénible course, au milieu des applaudissements; quand regardant derrière vous, vous avez vu vos concurrents, vos amis, s'épuiser en vains efforts, dites-moi, n'avez-vous point joui d'un bonheur sans mélange ?

Souvenirs bien chers, ceux-là, n'est-ce pas, chers confrères, et qu'il est doux toujours de réveiller !

Jadis chez les Grecs, chez les Romains, chez tous les peuples de l'antiquité, c'était déjà un honneur pour le guerrier qui savait guider son char et ses coursiers sur une carrière parsemée d'écueils. Les poètes le chantaient et Horace l'écrivait :

Meta fervidis
Evitata rotis, palmaque nobilis
Terrarum dominos, evehit ad deos.

Au moyen âge, peu de courses, beaucoup de tournois.

Le poids des armures, l'esprit guerrier de l'époque se prêtaient mieux à ces joûtes chevaleresques qu'aux luttes des hippodromes. Souvent, toutefois, des querelles s'engageaient, des gageures se tenaient et les bons chevaliers courbés sur l'encolure, l'éperon aux flancs rivalisaient ensemble de vitesse.

Tout le monde connaît ce lai charmant où l'on raconte la victoire d'un lourd poulain normand sur le léger et gracieux cheval de Palestine.

Après les tournois, les carrousels. Les mignons de Henri III, les seigneurs à perruque de Louis XIV s'épuisent en savantes courbettes, et ne rendent jamais la main à leurs chevaux pour voir lequel entre tous franchira le but le premier.

Au siècle suivant, déjà, on voit apparaître les courses. Le pur sang était créé en Angleterre et les sportsmen de l'époque pouvaient apprécier ses qualités de vitesse et de fonds. La course fugitive de Turpin le Voleur est restée légendaire.

Nous ne voulons point faire aux gentlemen l'insulte de leur donner pour collègue le célèbre bandit ; nous voulons seulement rappeler que sa jument, Black-Bless, qui franchit en huit heures la distance de Londres à York, est restée le type du cheval de cross-country, du cheval de chasse pénible et longue, du cheval de guerre et de beaucoup d'autres genres encore. Il est vrai qu'elle était de pur sang, et cette qualité que d'aucuns affectent aujourd'hui de dédaigner, suffit à elle seule pour expliquer son incroyable vitesse et son fonds plus admirable encore.

Nous ne dirons rien du commencement de ce siècle. Absorbés par des luttes sanglantes, étourdis par des coups de canon, nos pères se sont servi du cheval comme nous nous servons de la locomotive. Avec lui, ils ont parcouru l'Europe ; peu d'entre eux ont eu le temps de l'aimer comme il le mérite.

Sans doute, si les éclaircies avaient été plus longues entre les tempêtes, l'Empereur se serait fait le premier instigateur des courses et surtout des courses de gentlemen.

Il avait, en effet, compris dès longtemps la nécessité pour sa cavalerie d'officiers et de cavaliers, à la fois vigoureux et hardis, qualités que donnent infailliblement l'amour et l'usage des courses.

Sous la Restauration, un faible essor est donné à ce genre de sport nouveau. Quelques officiers généneraux essaient de l'introduire : par tradition de famille ou par goût, nous n'avons pas à le discuter, ils avaient servi l'Angleterre, où ils avaient appris à aimer le cheval de pur sang. Le plus célèbre d'entre eux, peut-être, fut le duc des Cars, officier d'ordonnance du duc d'Angoulême, puis commandant d'une division à la prise d'Alger. La Société d'encouragement lui a payé un juste tribut en baptisant un prix important de son illustre nom.

Grâce à ces influences, le cheval de pur sang avait peu à peu pénétré en France. Sous Louis-Philippe, nous voyons quelques noms de gentlemen. Les courses d'obstacles sont inaugurées ; au premier abord elles paraissent bizarres. Elles ont lieu plusieurs fois à Chantilly et sont rédigées d'une façon curieuse :

Lisez l'*Éleveur* du mois de juin 1835. Vous y trouverez :

« Prix des haies, 500 francs. — Deux fois le tour de l'hippodrome avec six sauts pour chevaux et juments de tout âge (*non de pur sang*), 100 francs d'entrée. »

Les chevaux sont oubliés depuis longtemps ; les gentlemen s'appelaient : Edgard Ney, Allouard, de Normandie.

Nous ne dirons rien des courses qui suivirent, l'essor était donné. Toutes les réunions qui sont aujourd'hui des centres si importants de luxe, de relations, d'activité, nous dirons même de commerce, se créèrent peu à peu, la Croix-de-Berny en tête.

Ce que nous nous proposons surtout ici, c'est de donner un aperçu, très léger, de ce que sont aujourd'hui ces courses de gentlemen dont nous venons d'esquisser à grands traits le passé à travers les âges.

Un jour, dans une petite réunion de Normandie (et ces réunions sont les plus charmantes du monde), nous entendions à côté de nous un brave monsieur éplucher péniblement son programme.

Il était bien excusable, le bonhomme ! Il avait en effet devant les yeux trois ou quatre lignes dont les mots les plus saillants étaient :

« *Poule de Hacks. — Steeple-Chase. — Gentlemen-riders. — Red-Coat.* »

Pourquoi ? Je n'en sais rien ; toujours est-il que l'excellent Normand n'avait retenu de tout cela qu'un seul mot qui le chagrinait terriblement. « Gentlemen-riders » et il tournait autour de nous, en demandant à qui voulait l'entendre : « Qu'est-ce que cela veut dire ? »

Vous le savez tous, chers lecteurs, mais combien sont-ils qui l'ignorent !

Gentlemen-riders sont des gens, jeunes en général, qui, sans faire le métier de jockeys, montent des chevaux de courses, les pilotent de leur mieux, font souvent des prodiges de vigueur et d'habileté et, sans crainte du danger, les dirigent, par-dessus les obstacles, sur le chemin de la victoire.

Ajoutez à cela que ce sont des gens du monde, ce que nous appelons des jeunes gens de famille, qui pourraient, comme tant d'autres, dépenser ailleurs leur exubérance de vie et le trop-plein de leurs revenus. Vous aurez idée de ce que sont presque tous ceux qu'on appelle gentlemen-riders.

Nous n'entreprendrons point ici leur défense. Il y a longtemps qu'elle a été prise par de meilleures mains que les nôtres, témoin ce beau livre d'Eugène Chapus sur le Turf, qui date déjà de loin. Ceux qui les appellent casse-cou, aventuriers, insensés, prodigues, je ne sais quoi encore, ont perdu leur procès.

Notre France serait heureuse et fière si tout ce qu'elle possède d'enfants jeunes, riches et vigoureux, étaient des casse-cou et des aventuriers de cette sorte.

Et ce qui fait la gloire et l'honneur des gentlemen-riders, c'est que, cher lecteur, « n'est pas gentleman qui veut. »

Les règlements sont précis, ne supportent point d'exceptions. Nous les reproduisons ici.

Courses plates. — Société d'encouragement.

ART. 22 du règlement. « Ne sont admis à monter dans les courses de gentlemen, que les membres du Jockey-Club, de l'ancien Cercle, du Cercle Agricole, du Cercle des chemins de fer, du Cercle des Champs-Élysées, du Cercle de la rue Royale, du Cercle de l'Union, du Sporting-Club, du Cercle de l'Union artistique, les officiers de l'armée française, ou les personnes admises sur leur demande, et après ballottage, par le Comité des courses.

« La demande devra être adressée par écrit au commissaire de la Société.

« Ensuite de cette admission par ballottage, on pourra monter dans toutes les courses de gentlemen de la Société d'encouragement, à moins que le Comité n'en décide autrement. »

Le règlement des Steeple-Chases contient à peu près les mêmes dispositions; il est toutefois un peu plus large. Voici du reste le texte même :

Art. 21. « Ne sont admis à monter dans les courses de gentlemen que les membres permanents du Jockey-Club français, anglais, de Vienne et de Berlin, du Cercle de la rue Royale, du Sporting-Club, du Cercle des Champs-Élysées, du Cercle agricole, du Cercle de l'Union, du Cercle des Chemins de fer et du Cercle de l'Union artistique, les officiers de l'armée française en activité de service, les officiers des haras, les personnes admises par le grand National-Steeple-Chase-Committee, enfin toute personne acceptée par le Comité statuant au scrutin secret.

« Par suite de cette admission par ballottage, on pourra monter dans toutes les courses de gentlemen de la Société de Steeple-Chase, à moins que le Comité n'en décide autrement.

« La demande de cette acceptation devra être

adressée par écrit aux Commissaires, quinze jours au moins avant la course, sauf les cas d'urgence dont le Comité sera juge; mais il ne pourra être réuni à cet effet que par les Commissaires, s'ils le trouvent opportun; dans ce dernier cas, l'acceptation, si elle est prononcée, sera essentiellement provisoire et valable seulement pour ce jour désigné. »

Personne ne contestera l'esprit de sagesse qui a présidé à ces règlements; grâce à leur précision, on a évité une foule d'ennuis ou d'abus déplorables.

Sans doute, parfois, se produisent sur les champs de courses des incidents que l'on doit regretter. Ce sont souvent des jeunes gens de la région qui demandent à monter, ou même qui se présentent à la balance; ils ignorent le règlement ou ont négligé de prendre leurs précautions.

Nous avons vu un jeune homme, porteur d'un des plus beaux noms de France, obligé de renoncer à courir, un jour où, déjà revêtu de l'habit rouge, il se préparait à gagner une course de haies. C'est à MM. les commissaires des Sociétés locales qu'il appartient d'éviter ces désagréments.

Le moyen le meilleur, peut-être même l'unique, est d'introduire dans les programmes la qualification « gentlemen-farmers. » M. Legoux-Longpré, dans presque toutes ses réunions de la Société du demi-sang, libelle ainsi les courses de gentlemen :

Course de haies, ou course plate, etc., pour officiers, gentlemen et gentlemen-farmers. Les commissaires restent ainsi libres d'accepter ou de refuser les cavaliers qui se présentent. Cette coutume adoptée en Normandie n'a jusqu'à présent offert que des avantages. Quoi qu'il en soit, tous les gentlemen qui paraissent fréquemment sur les hippodromes, qui, de plus, ne sont ni officiers, ni membre d'un des Cercles expressément nommé dans les règlements, se font agréer par les Commissaires de la Société d'encouragement ou de la Société des Steeple-Chases.

Nous donnons ici leurs noms (octobre 1887) :

SOCIÉTÉ DES STEEPLE-CHASES

LISTE DES GENTLEMEN (1887)

MM. Gaston Alleweireld.
Paul Allorge.
le comte G. d'Andigné.
le vicomte E. d'André.
Robert Astier.
le vicomte Adrien d'Autichamp.
A. d'Ayméry.
Paul Bastard.
J. Bedout.
de Beireix.
Paul Berchut.
Armand Bertherand.
G. Bisseuil.
le baron de Bizi.
Michel Bourdette.
Paul de Bresson.
A. Brunard.
Cairnes.
G. Cassius.
de Champvallier.
le vicomte de Chefdebien.
Léon Collinet.
le comte Arnold de Contades.
P. Couzin.

MM. E. Creuzé.
Joseph Desbons.
Ch. Dorian.
le vicomte Joseph d'Elva.
le comte Alfred d'Escherny.
Malevecque de la Faye.
le baron Georges Dumanoir.
Pierre Dupray.
F. Duthuzo.
Dutillau.
J. Duvergé.
le baron Emile de Fleury.
Edgard Gillois.
Maurice Gillois.
Ginot.
Amédée Godinot.
le comte Gaston de Gontaut-Biron.
Édouard Grardel.
Jules Grardel.
E. Guyot.
Fernand Guyot.
André Haviland.
Maurice R. Haviland.
Émile Hennebert.

MM. Clément Houze.
J.-O. Jameson.
H. Jameson.
Maurice Janier.
Paul Labat.
Jean Labat.
F. de Laeger Maves.
le comte Lahens.
J. de Lamothe.
le comte Abel de la Motte.
Gaston de la Motte.
Albert Landry.
Paul Laslandes.
Le Bric.
Le Flaguais.
le comte Le Gualès de Mézaubran.
le comte L. de Leusse.
Luzzani.
le comte Jean de Madre.
le vicomte de Montigny.
Léopold Mourier.
le comte de Nieuil.
le baron d'Osy.
H. Ballu de Passy.
le vicomte H. d'Espous de Paul.

MM. Emile Palyart.
le vicomte Bernard de Poncins.
le vicomte de Pontavice.
le vicomte Marc de Pully.
L. P. Prévôt.
Léon Rambaud.
Ernest Richard.
le baron C. de Rochetaillée.
le vicomte R. de Villebois-Mareuil.
du Roy de Blicquy.
Marin B. de St-André.
Paul B. de St-André.
E. de Salles.
Amédée de Thauzia.
Louis Thouvenet.
le comte A. de Tinguy.
Charles Tronel.
Henry de Vaugel.
le comte A. de Vichy.
O. Vidal.
Joseph de Villemandy de la Mesnière.
Raoul Wagner.
Théodore Wippern.

CHAPITRE II

Différents genres de courses. — Courses plates. — Courses de haies. — Cross-country. — La Croix-de-Berny. — Steeple-chases.

Avez-vous quelquefois parcouru la liste des jockeys ? A côté de leurs noms plus ou moins célèbres, parfois à peu près ignorés, vous trouvez leur poids, leur adresse et leur spécialité. Les uns figurent en courses plates, les autres n'apparaissent que dans les luttes périlleuses qui se courent par-dessus les obstacles. Bien peu d'entre eux ont retiré une double licence et encore ceux-ci ne font-ils que de rares apparitions.

Le gentleman, au contraire, n'a pour ainsi dire point de préférences; rien de ce qui intéresse les courses ne doit lui être étranger. Qu'il s'agisse d'une course plate, d'un simple déboulé ou d'un cross-country long et pénible, il est toujours prêt. Ses chevaux, quand il en possède, sont comme leur cavalier. Si, d'ordinaire, leur qualité médiocre les classe plutôt en courses d'obstacles, ils viennent cependant de temps en temps se souvenir qu'ils ont possédé autrefois ce qu'on appelle un bout de vitesse, et souvent ils figurent encore honorablement dans les courses plates réservées aux chevaux de leur catégorie.

Ces courses plates de gentlemen présentent même de sérieux et multiples avantages. Discutées bien souvent, elles ont su se maintenir et deviennent chaque année plus nombreuses. Les champs y sont toujours fournis; on y voit apparaître des jeunes gens qui débutent et qui sont heureux d'exhiber des couleurs encore vierges, sans courir les dangers d'un steeple-chase.

Nous irons même plus loin en disant que tous les gentlemen devraient débuter par plusieurs courses plates. Il leur est plus facile d'y acquérir la science de l'hippodrome, si je puis m'exprimer ainsi. Sans aucune préoccupation de l'obstacle, le cavalier peut bien mieux apporter toute son attention à la conduite de son cheval. Il évite mieux les fautes dans ses débuts; cherche à prendre carrément ses tournants, à donner un point d'appui fixe, et surtout il apprend à se faire une idée du train : chose si difficile, que nous avons entendu fréquemment des gens d'expérience dire que cela seulement séparerait toujours les gentlemen des jockeys.

Cela seulement! Mais c'est déjà trop! Sans la notion du train, point de belles courses, point de succès, si ce n'est par raccroc. On arrive au poteau avec un cheval essoufflé depuis la moitié et quelquefois les trois quarts du parcours. Ou bien, si l'on s'observe beaucoup, pour ne pas donner trop de vitesse, on reste au-dessous du train qu'il eût fallu faire et à la distance on est tout étonné de voir un mauvais cheval, dont la condition se trouve bonne, arriver comme une flèche et battre avec une aisance inattendue des chevaux bien supérieurs.

Cette notion du train ne peut être acquise qu'à orce de courses. Les galops d'entraînement y préparent, mais ne sauraient suffire tout seuls.

Enfin, ajoutons encore en faveur des courses plates

qu'elles fourniront aux jeunes gens l'occasion excellente d'essayer une arrivée. Ils y apprendront à demander un effort sérieux à leur cheval; ils apprendront en un mot à courir; chose qu'il est toujours périlleux de faire à ses dépens par-dessus des obstacles.

Il est enfin une autre considération qui, à elle seule, suffirait à faire subsister les courses plates de gentlemen. Bien des jeunes gens qui montent à cheval, qui chassent, qui sont en un mot de vrais sportmen, sont heureux de paraître une ou deux fois par an sur un hippodrome. Ils ne sauraient avoir ni la condition, ni la force nécessaires aux courses d'obstacles. D'autres sont d'anciens gentlemen-riders, qui ont quelques années auparavant fourni leurs preuves sur les grands hippodromes.

Mais que voulez-vous ? La loi humaine est là, et pour rappeler un vieux proverbe de nos pères : « Le meilleur lard rancit. » Peu à peu les années sont venues; ils se sont mariés et ne peuvent plus affronter les courses d'obstacles. Les courses plates des hippodromes qui les entourent leur fournissent d'excellentes occasions de se rappeler leurs beaux jours d'autrefois.

C'est sans doute pour tous ces motifs réunis qu'il existe un nombre de plus en plus grand de ces sortes de courses. Leur programme est très facile à rédiger et on peut le varier à l'infini. D'ordinaire, contrairement aux usages de la Société d'encouragement les chevaux hongres sont admis.

Abordons maintenant la question des courses d'obstacles qui sont depuis longtemps, qui seront toujours le champ où aiment à s'exercer, à s'aligner, en quelque sorte, les vrais gentlemen, les jeunes gens, ceux qui ont à dépenser une exubérance de force et de vie. Il est si bon de braver le danger ! Car c'est là le véritable attrait des steeple-chases. Croyez-vous que l'on passe des obstacles pour les passer ? Croyez-vous que l'on coure pour gagner de l'argent ? On en perd toujours. Croyez-vous que l'on ne se mette sur les rangs qu'avec l'espoir d'une glorieuse victoire ? Souvent le gentleman part sans aucune espèce de chance. Non, le vrai cavalier court pour courir, pour jouir des jouissances de la lutte, pour sentir cet enivrement qui l'empoigne dès la première foulée et l'arrache pour quelques instants aux réalités de la vie. C'est que derrière l'obstacle franchi, derrière la rivière où le cheval a fléchi, derrière le mur passé à la volée, il y a le sentiment du danger affronté sans peur, de la difficulté vaincue. Il y a, ce je ne sais quoi qui vous transporte dans un monde autre que le vôtre, qui vous dilate le cœur et fait de ce plaisir le plus noble et le plus beau de tous les plaisirs.

La course de haies semble jusqu'ici être le genre de courses préféré des gentlemen. Il y a des poules de hacks, courses de haies, dans un grand nombre de villes. Les chevaux d'ordinaire y sont assez nombreux. Les obstacles au nombre de huit à dix sont souvent très faibles; suffisants pour éprouver l'adresse et la franchise, trop peu élevés ou trop mobiles pour occasionner la chute.

Nous recommandons à ce sujet la haie droite, de 1 mètre de hauteur environ, formée de deux barres entre lesquelles sont resserrés des ajoncs ou des genêts. Nous la préférons aux haies inclinées des champs de courses parisiens. Les obstacles droits se rapprochent davantage de ceux que l'on rencontre à a chasse, à la promenade, et il ne faut pas oublier que les courses de gentlemen sont réservées aux hacks et hunters.

La distance presque partout est de 2.500 mètres.

Vous savez, chers lecteurs, ce que sont les courses de haies aux courses plates et aux steeple-chases; une sorte d'intermédiaire obligeant le cheval à dépenser un peu plus d'adresse et de force que dans les unes, moins que dans les autres. Le succès des courses de haies (gentlemen) vient sans doute de ce qu'il est plus facile de préparer un cheval au saut des haies qu'à celui des gros obstacles. Il vient aussi beaucoup de la défiance qu'ont d'eux-mêmes et de leurs chevaux un certain nombre de jeunes gens. J'en sais qui courent très correctement, très hardiment une course de haies et qui n'osent partir dans une course où les obstacles sont variés. Le danger, s'il y en a, est aussi grand dans les courses de haies où la vitesse est beaucoup plus considérable, le plaisir est certainement moindre et aussi le résultat pour le cheval et le cavalier.

Gentlemen, n'oublions pas que nous montons des chevaux de chasse, d'armes ou de promenade, n'oublions pas que le but des courses est de former des cavaliers et des chevaux fiers, perçants, adroits, aptes un jour, s'il le faut, à répéter devant le front de nos armées ces pointes périlleuses dont nos pères au commencement du siècle nous ont donné l'exemple. Que nos courses soient la confirmation de l'éducation donnée à nos chevaux! Courons donc à « travers pays. »

On a bien compris, ces temps derniers, ce but, cette mission des courses et les cross-country sont redevenus rapidement la course préférée.

Dites-moi, y a-t-il un spectacle plus beau que des cavaliers aux prises en quelque sorte avec la nature elle-même? Pourquoi créer des difficultés? Le terrain ne vous en offre-t-il pas? Regardez-les dégringoler un ravin ou escalader une pente! Avec quelle adresse leurs chevaux savent s'asseoir sur leurs jarrets pour descendre, charger les épaules pour monter. On frémit souvent quand on assiste de loin à cette course vertigineuse des cross-country. Mais rassurez-vous, là le danger est moindre que partout ailleurs. Les chevaux sont si bons! si adroits! si pratiques en quelque sorte!

La course à travers pays doit pourtant, on le conçoit aisément, être tracée de main de maître. Éviter les mauvais terrains, ceux qui sont défoncés et ceux qui sont trop durs (à quoi bon démolir les chevaux?), simplifier autant que possible les huit et autres enchevêtrements de parcours, afin d'éviter les erreurs, voilà surtout les grands points.

Les obstacles seront ceux que l'on rencontre dans la nature, peu importe leur nombre. Les fossés auront jusqu'à 3 mètres, $3^m,50$ ou 4 mètres. Cette dernière largeur peut être considérée comme un grand maximum. On aura soin, quand l'obstacle est suffisamment large, de veiller à ne pas les faire aborder sur un point défoncé ou fangeux. Rien n'est plus désastreux pour un cheval qui prend sa foulée, que de sentir l'appui se dérober sous lui. Les passages de route peuvent être assez multipliés. C'est un excellent obstacle exigeant beaucoup d'habileté du cheval et du cavalier. Enfin on peut ajouter à volonté de nouvelles difficultés, en construisant des murs, des talus simples, à revers, bretons, etc. Les tournants seront un peu quelconques, ils peuvent même se présenter sous forme d'angles aigus. Les cavaliers sont forcés ainsi de ralentir considérablement le train, d'être toujours maîtres de leurs chevaux, par conséquent de donner à ces derniers une éducation qui les rende maniables à toutes les allures et dans toutes les directions. D'ordinaire les cordes sont supprimées et la course se fait d'obstacle à obstacle, ou de drapeau à drapeau.

Les cross-country sont très nombreux en France depuis quelques temps; les plus célèbres de beaucoup sont la Croix-de-Berny et Verrie-Saumur.

Tout le monde connaît sinon de vue, au moins de réputation, ces coteaux célèbres, berceaux des courses de gentlemen, où se tient chaque année une réunion à la fois si élégante et si populaire.

Nous n'entreprendrons point ici de décrire cette charmante journée du printemps, où tant d'équipages, tant de cavaliers, tant de piétons se pressent sur la route de Bourg-la-Reine. On a vu ce spectacle une fois dans sa vie, ou du moins on en a lu des descriptions plus brillantes que celles que j'en pourrais donner.

Il y a quelques années à peine (1881) que ces cross-country, depuis longtemps supprimés, ont été rétablis.

On ne compte pas moins de cinq courses à la réunion de la Croix-de-Berny. La première est un prix de 3,000 francs à réclamer. Elle a été gagnée, en 1887, par *Valseuse II*, montée par Baker. C'est la seule course de cette journée réservée aux jockeys. Les autres sont un steeple-chase militaire, 2e série (gagné, en 1887, par M. le capitaine Hache, montant *Elenita*); un steeple-chase handicap de 6,000 francs pour gentlemen et jockeys (remporté, en 1887, par M. de Vésian, montant Malakoff); un steeple-chase militaire, 1re série (M. Morgon, avec *Diablotin III*); enfin un hunt steeple-chase pour gentlemen qui est, avec les deux courses militaires, la grande attraction de la journée. Cette belle lutte s'est terminée, en 1887, à l'avantage de *Pégase*, monté vigoureusement par M. Deschamps. *Fairfax*, monté par M. Varin, était second à une encolure.

Ces épreuves de la Croix-de-Berny offrent toujours un intérêt tout particulier. Chevaux et cavaliers, parcours et obstacles, tout est nouveau, souvent imprévu. Ce ne sont plus ces steeple-chases avec leurs barres, leurs rivières, leurs pistes si connues et parcourues tant de fois. Ce ne sont plus ces chevaux toujours en haleine que l'on retrouve sur la brèche durant une saison tout entière, ce ne sont plus enfin ces jockeys de profession que l'on voit presque chaque jour sur n'importe quel cheval et sur n'importe quel hippodrome.

A la Croix, ce sont des gentlemen, la fine fleur des gentlemen, ce sont des hunters, des chevaux de chasse ou d'armes ; enfin, comme parcours, c'est un coteau des environs de Paris, c'est la nature où presque rien n'a été modifié. Les passages de route, le bull-finch, les sauts de la Bièvre jouissent, dans le monde hippique, d'une juste réputation. Ce ne sont pourtant pas les obstacles qui constituent, à notre avis, la vraie difficulté des parcours. Si les chevaux de steeple-chases réussissent si peu en général dans ces courses ; si, souvent, les chevaux de pur sang se font enlever la course par des chevaux d'une qualité inférieure, c'est au terrain même qu'il faut s'en prendre. De drapeau à drapeau, d'obstacle à obstacle, on traverse des guérets, des prairies, des champs fréquemment détrempés. La victoire appartient d'ordinaire au cavalier qui sait le mieux ménager son cheval, au cheval qui, à une grande énergie, joint l'habitude des endroits difficiles, l'adresse à se tirer des mauvais pas, au cheval de chasse en un mot.

En terminant ces quelques lignes sur les parcours à travers pays, nous voulons encore insister un instant sur l'excellence de ces courses au point de vue qui nous occupe, c'est-à-dire au point de vue des gentlemen.

Avec nos chevaux, qu'ils soient de pur sang ou non, qu'ils soient entraînés ou qu'ils soient simplement en condition d'un travail journalier, nous devons nous vouer en quelque sorte aux cross-country. Ils préparent mieux que tout autre exercice, hommes et chevaux, aux parcours que la guerre peut, un jour où l'autre, exiger d'eux, et c'est là, ne l'oublions pas, le but que tout bon Français doit sans cesse avoir devant les yeux.

Il nous reste dans cette rapide étude des courses de gentlemen, à dire quelques mots des steeple-chases. Nous ne définirons point ce mot, il est dans toutes les bouches ; tout le monde sait qu'il évoque l'idée d'une course longue et sévère, parsemée d'obstacles difficiles. A aucune époque ce genre de courses n'a joui d'une vogue aussi grande qu'à la nôtre. Nous voyons tous les jours augmenter à la fois et le nombre des épreuves, et le chiffre des allocations. C'est qu'en effet rien n'est beau comme un grand steeple-chase réunissant à la fois des chevaux et des cavaliers de mérite. Vous vous souvenez, sans doute, de ces belles gravures représentant les grandes courses d'obstacles, soit de l'époque qui nous a précédés, soit même de notre époque.

Les noms les plus illustres parmi les jockeys se trouvent accouplés aux noms des chevaux dont la carrière a toujours été glorieuse. Ensemble, dix, douze, ils abordent les gros obstacles, ces rivières dont la vue seule fait frissonner. Quel enthousiasme quand ils ont franchi à la volée, quand ils se retrouvent tous de l'autre côté luttant avec une ardeur nouvelle!

Rarement les gentlemen se trouvent appelés à courir ces épreuves. Quelques-uns seulement dont nous n'avons point ici à citer les noms, se font une gloire de rivaliser avec les meilleurs jockeys. Souvent le succès est venu couronner leurs efforts. Mais il est un assez grand nombre de steeple-chases réservés aux gentlemen, et c'est de ceux-là seuls que nous voulons nous occuper.

Peu de choses à dire tout d'abord des courses d'Auteuil ou de Vincennes. Celles qui nous sont réservées ne diffèrent des autres que par les cavaliers. Les chevaux sont les mêmes, ainsi que les parcours. D'ordinaire les champs sont assez peu fournis et les noms reviennent périodiquement à peu près les mêmes. C'est qu'il faut se sentir mûr déjà de l'expérience des courses, se sentir sûr de soi pour affronter ces parcours difficiles sur des chevaux que souvent l'on n'a jamais montés. On connaît les obstacles d'Auteuil. Ils représentent en quelque sorte le maximum comme dimensions et difficultés. Malgré tout, les gentlemen y font fréquemment des apparitions qui, si elles ne sont pas aussi brillantes qu'à l'époque des Talon et des Saint-Germain, n'en sont pas moins toujours applaudies.

En province, les steeple-chases sont nombreux. Pas une réunion qui n'en produise à son programme. Souvent ils sont réservés aux gentlemen, ou tout au moins portent la mention « gentlemen et jockeys », avec une surcharge pour ces derniers. Dans ce cas encore, tous les chevaux sont admis et l'on risque de trouver contre le hunter qu'on amène, un des vainqueurs de nos grandes luttes hippiques. Aussi vaut-il toujours mieux les réserver aux chevaux de chasse ou de promenade comme les courses de haies ou les cross-country dont nous avons parlé.

Chaque champ de courses provincial possède en général des obstacles qui servent à la fois pour un steeple-chase de jockeys (quelquefois un prix de 4ᵉ série) et pour la course de gentlemen. Souvent, pour cette dernière, on supprime la rivière, la barre ou le talus quand on trouve qu'ils offrent une difficulté trop grande. Ce serait, croyons-nous, un bien pour tout le monde, que cette question des obstacles soit réglementée une fois pour toutes, et que l'on ne soit plus exposé à trouver dans les localités voisines et pour des prix identiques, des difficultés souvent trop grandes, d'autres fois trop minimes. Nous ne saurions trop recommander une série d'obstacles comprenant une haie au départ, un talus en terre, une barre ou plutôt une barrière en planches, une rivière et deux haies avant l'arrivée. Tous ces obstacles pourront être sautés deux fois, ce qui donne un total de douze obstacles. Quant aux dimensions, on aura soin de les maintenir dans de justes limites. Les haies seront celles que nous avons conseillées pour les courses de haies : elles auront 1 mètre à 1^m,20; le talus ne dépassera pas 1 mètre, la barre ou barrière présentera 0^m,80 et la rivière entre 3 et 4 mètres.

Le parcours doit être assez long, d'ordinaire 3,000 mètres environ. On aura soin d'enlever les cordes auprès des obstacles pour éviter tout accident. La piste est un cercle ou un ovale que l'on parcourt deux fois en longeant des cordes. Souvent aussi les obstacles tracent une piste intérieure en forme de huit. Cette dernière manière nous semble préférable pour les courses de gentlemen, en ce sens qu'elle exige des chevaux plus souples et plus maniables, comme doivent l'être de véritables hunters.

i

CHAPITRE III

Des conditions des courses de gentlemen. — De la qualification des chevaux. — Des réclamations. — Des commissaires. — Du choix d'un cheval. — De l'entrainement.

Dans le coup d'œil rapide que nous venons de jeter sur les différents genres de courses, nous n'avons guère parlé que des parcours et des obstacles. Tout le monde, nous l'avons dit, ne peut pas courir comme gentleman. « N'est pas gentleman qui veut. » La même chose peut se dire d'un cheval, et, dans la gent hippique, « n'est pas hunter qui veut. »

Il est aisé de comprendre, en effet, que si nos courses étaient ouvertes à tous les chevaux, nous serions battus sans lutte aucune par ceux qui font de l'hippodrome leur métier de tous les jours et qu'une préparation habile a su mettre en condition.

Les programmes des courses de gentlemen sont très variés. Les uns excluent les chevaux de pur sang, d'autres leur infligent de fortes surcharges. On en trouve qui n'acceptent point les chevaux ayant gagné un certain nombre de prix. Cette variété même n'est certainement pas un mal : au cavalier de choisir les courses où les chances de son cheval lui paraissent être plus grandes. Il n'y a qu'une question où presque tous les commissaires se trouvent être d'accord : celle de la qualification des chevaux. A peu d'exception près, ceux-là seuls sont qualifiés hacks et hunters « qui n'ont point été dans une écurie d'entraînement depuis le 1ᵉʳ janvier de l'année courante et qui, depuis cette époque, n'ont point couru d'autres courses que celles réservées aux hacks et hunters. » C'est clair, c'est net, et pourtant que de chicanes, que de réclamations ont soulevées ces quelques lignes.

Tous ceux qui ont fréquenté les hippodromes en ont été témoins. Il eût fallu définir une écurie d'entraînement, dire où elle commence, où elle finit ; il eût fallu bien marquer les courses réservées; il eût fallu une multitude de précautions pour éviter les nombreuses réclamations qui surgissent de tous côtés. Et encore ! il y a des gens qui réclament toujours et partout; eux et contre tous ! Nous avons vu souvent dans les petites réunions de province, des gentlemen s'armer des plus petits détails, des plus légères infractions au règlement, pour essayer de faire disqualifier, ceux dont ils n'avaient pu triompher. Soyons plus larges, messieurs les gentlemen, ou tout au moins soyons plus justes envers ceux de nos collègues que nous voyons agir ouvertement, avec la meilleure foi du monde. Soyons au contraire impitoyables, dès que nous croyons sincèrement nos droits attaqués.

Il est triste de l'avouer; mais il arrive fréquemment que certains gentlemen, indignes de ce nom, tentent d'abuser de la bonne foi ou de l'ignorance des commissaires et courent avec des chevaux non qualifiés. Quand ils savent eux-mêmes l'irrégularité de leur conduite, ils sont impardonnables; il faut être impitoyable à leur égard et nous croyons que ce ne serait que justice de les rayer à l'avenir des listes de gentlemen. Exemple : Le programme comporte : « Course de haies pour chevaux n'ayant jamais gagné. » Je trouve qu'un gentleman conduisant au poteau un cheval, quel qu'il soit, ayant remporté un prix, agissant ainsi avec l'espoir que ni les concurrents ni les commissaires ne le savent; je trouve, dis-je, que ce gentleman commet une action déloyale et à tous points de vue répréhensible.

Nous venons de parler des commissaires. Chose terriblement difficile à trouver que de bons commissaires ! S'ils étaient moins rares, si surtout ils étaient vraiment hommes de cheval, toutes les difficultés se trouveraient aplanies comme par enchantement ou plutôt n'existeraient même pas. Mais qu'ils sont rares les bons commissaires ! En province, d'ordinaire, les influences locales, politiques ou autres attribuent ce rôle à des citoyens paisibles en général; mais qui sont médecins, pharmaciens, industriels, épiciers en gros, tout en un mot, excepté hommes de cheval. Il faut bien excuser, faute de mieux. Mais à quelles bévues ne sont pas exposés ces braves gens ?

Les uns parlent d'instituer une course d'obstacles de 1,800 mètres, sans se douter qu'elles doivent en avoir au moins 2,500. D'autres font construire des obstacles invraisemblables, dessinent des tournants en zig zag, placent une haie juste au poteau d'arrivée, etc., etc. Nous avons vu un jour, un starter improvisé, vouloir forcer des gentlemen à partir le nez sur un obstacle, sous le fallacieux prétexte que le programme portait : « Départ avant telle haie. » Un des concurrents lui proposa placidement de se placer à cheval sur l'obstacle lui-même. Il ne fallut rien moins pour lui faire entendre raison.

Nous ne voulons point parler de la mauvaise foi des commissaires : elle est très rare ou plutôt elle est inconnue. Parfois pourtant on voit percer de légères préférences de clocher ou d'hospitalité que ces messieurs devraient au contraire chercher à dissimuler.

Mais, dira-t-on, le remède à cet état de choses ? La réponse est bien simple. D'abord le mal n'est pas si grand qu'on pourrait le croire, parce que presque toujours les gentlemen connaissent leurs droits et leurs règlements, et se font rendre justice eux-mêmes. Pourtant ce serait une bien bonne chose qu'un résumé à l'usage de MM. les commissaires des courses, renfermant des définitions exactes de leurs attributions, de leurs pouvoirs et de leurs droits. Quand se présentent des difficultés plus grandes, des demandes de disqualification ou autres, qu'ils soumettent le cas à la Société des steeple-chases ou à la Société d'encouragement. Ces dernières n'ont point le droit de prendre de décision; les commissaires seuls doivent statuer; mais elles peuvent leur montrer la voie, indiquer clairement leur devoir. Reste aux commissaires à se conformer à ces avis et à ne pas faire comme l'ont fait quelques uns d'entr'eux qui, après consultation de la Société des steeples, se sont empressés de prendre une décision absolument opposée.

Un autre moyen, peut-être le meilleur d'aplanir les difficultés, c'est de les éviter, et la plus sûre manière de les éviter, c'est un programme clair, net et succinct. Nous en donnons un exemple que nous croyons sinon parfait, au moins très suffisant.

Prix de l'hippodrome. — Courses de haies. — Gentlemen-riders, 800 fr., dont 500 fr. au 1er; 200 fr. au 2°; 100 fr. au 3°; (ou des objets d'art de même valeur) pour chevaux servant *bonâ fide* de chevaux de chasse, d'armes ou de promenade depuis le 1er janvier 1887 et n'ayant pas été depuis cette époque dans une écurie d'entraînement. Poids commun : 72 kilogrammes. Les chevaux de pur sang porteront 5 kilogrammes de surcharge. Distance : 2,500 mètres environ. Entrée : 25 fr.

Ce programme peut être varié à l'infini. On peut au lieu de poids commun mettre un poids pour âge, donner des surcharges aux chevaux ayant déjà gagné, etc. Nous ferons remarquer seulement ces quelques points. D'abord, c'est un avantage pour les sociétés de courses de partager le prix en plusieurs parties entre les premiers. C'est un moyen infaillible de réunir des champs nombreux. Sans courir jamais pour le gain, les gentlemen sont heureux de recevoir un prix, ne serait-ce qu'un souvenir, une cravache d'honneur. M. Legoux-Longpré qui est passé maître dans la création des courses de gentlemen, insinue presque toujours la clause suivante : « Tous les chevaux accomplissant le parcours retirent leur entrée. » C'est déjà une satisfaction de retirer son entrée ; aussi voit-on les courses de la Société du demi-sang, plus nombreuses que partout ailleurs.

Nous avons traité la question de la qualification

des chevaux. Reste la question du poids. On ne saurait astreindre les gentlemen à se maintenir en condition comme le font les jockeys. Puis d'aucuns, sont grands et partant déjà lourds. Les poids pourront donc varier entre 70 kilogrammes et 80. Ce sont deux limites entre lesquelles le plus grand nombre des gentlemen pourront monter sans difficulté.

Reste, cher lecteur, à traiter avec vous la question qui est peut-être la plus importante de toutes. Nous l'ébauchons à peine tant elle est difficile, laissant à chaque gentleman, qui doit être dès le début un homme de cheval de premier ordre, le soin de choisir lui-même l'animal qu'il veut guider à la victoire. Nous essaierions de donner quelques conseils que nous ne serions pas écouté. Chacun, en effet, achète le cheval qui lui plaît : Don Quichotte aimait Rossinante peut-être autant que le comte de Lagrange *Gladiateur*.

N'avons-nous pas tous vu des gentlemen amener au poteau des montures qui, sans être Rossinante, lui ressemblaient de plus d'un côté ? Et il fallait voir combien ils étaient infatués de leur mérite... avant la course.

L'expérience seule peut amener au choix judicieux d'un cheval, plus ou moins rapidement, selon que l'on est plus ou moins bien doué au point de vue de ce qu'on peut appeler le sens hippique. Souvenez-vous de ce vétérinaire spirituel répondant à l'injure de maquignon : « N'est pas maquignon qui veut. » Il avait raison certes. Il ne suffit pas de vouloir acheter un bon cheval, il faut savoir le trouver et le choisir.

L'idéal peut-être du cheval de courses de gentlemen serait un de ces chevaux anglais, ou plutôt irlandais, joignant à un degré de sang avancé une force musculaire, une culotte, une carrure que l'on trouve rarement chez les chevaux de pur sang. Violette, qui gagna la Croix-de-Berny en 1883, Litte Dolly, French, qui gagnèrent l'année suivante; Flirt, ce cheval gris du hardi cavalier qui s'appelle Marc de Pully, sont des types du cheval de cros-country. Ils ne craignent rien des chevaux de pur sang sur les longs parcours à travers pays; leur fonds est inépuisable et supplée souvent à la vitesse qui leur fait défaut.

Il est rare de rencontrer de pareils chevaux; aussi ne conseillerons-nous point aux jeunes gentlemen de chercher à mettre la main sur des hunters aussi remarquables. A notre époque, surtout, où l'on tend à diminuer les parcours et à augmenter la vitesse, il faut avoir recours au pur sang.

Écoutez le vicomte d'Aure qui écrivait cependant à une époque où le pur sang était sinon méconnu, du moins fréquemment calomnié :

« Une chose indispensable à un cheval destiné à la course ou aux exercices violents, c'est le sang.

« Pas de sang : pas d'énergie, pas de vitesse, pas de fond. Le cheval qui n'a pas de sang, quelle que soit du reste sa construction, ne peut lutter contre un cheval de pur sang.

« Plus le cheval se rapproche du pur sang, plus il approche de la perfection, plus alors il peut avoir de vitesse; car, comme nous l'avons vu, la vitesse entraîne après elle presque toutes les autres qualités. »

Le choix ne sera donc point douteux. Jeune homme qui voulez essayer des luttes hippiques, cherchez dans le pur sang. Naturellement vous n'irez point recruter ces produits minces, efflanqués, sucés avant l'âge, qu'on appelle claquettes. Ils peuvent souvent faire un bon service; plus souvent aussi ils sont désagréables, difficiles à entraîner, se nourrissent mal, en un mot, exposent leur propriétaire à une foule de déboires. Il faut les laisser aux manèges de Paris ou à quelque petit monsieur qui leur fera faire de temps en temps une courte promenade. Nous avons entendu un jour un officier dire devant nous « que le meilleur pur sang était celui qui se faisait pardonner son origine en n'ayant pas l'air de l'avoir. » Sous une forme paradoxale, ces quelques mots sont vrais.

Cherchez le pur sang aux gros membres, près de terre, fortement charpenté. La taille élevée n'est pas nécessaire; prenez plutôt la taille moyenne, vers $1^m,56$. Vous serez moins exposé au cornage, et en général, vous aurez des chevaux plus adroits; naturellement vous n'irez point vous adresser aux chevaux de classe, à ceux qui courent les gros prix. Ce serait folie pour un gentleman. Vous rechercherez des poulains de trois ans, qui ont fait preuve d'une qualité médiocre en courses plates. Il y en a beaucoup qui se révèlent bons en obstacles, alors qu'ils ne valaient rien sur le plat. Un autre genre d'acquisitions possibles, ce sont les vieux steeple-chasers, ceux que l'on vend parce que leur qualité a diminué ou parce qu'ils sont revenus trop blessés de leurs nombreuses luttes. L'entraîneur et le propriétaire d'une écurie de courses n'aiment pas à soigner des invalides. Dès qu'un cheval ne gagne plus son pain quotidien, vite il cède la place à un autre. Vous, gentlemen, presque toujours vous pouvez vous offrir le luxe de garder quelques mois en prairie ou en boxe un cheval que vous avez l'espérance de guérir. Ces anciens chevaux d'obstacles sont en général parfaits pour les courses de gentlemen et il n'est pas rare de leur voir retrouver leur ancienne qualité. Souvenez-vous de Canot, de Falstaff, de Moulaneuf, de Blondor et d'un grand nombre d'autres. Nous vous conseillons donc deux manières bien distinctes de vous remonter. Voulez-vous un beau cheval, un hack très net, très brillant ? Allez à Chantilly à la fin de l'été : vous trouverez dans presque toutes les écuries des poulains de trois ans dont on a décidé la vente et dont les prix ne sont point inabordables. Pour une somme de 2,000 francs, vous aurez un choix respectable.

Voulez-vous, au contraire, viser à l'économie et recherchez-vous seulement un cheval qui puisse avantageusement vous courir quelques courses ? Suivez alors attentivement les ventes du Tattersal et de l'établissement Chéri et rendez-vous acquéreur d'un cheval taré, mais que vous croyez susceptible de guérison. Souvent vous réussissez à posséder, pour un prix minime, un cheval qui vous rendra de réels et fort bons services, tant en courses qu'à la chasse. Il faut éviter autant que possible les efforts de tendon trop violents. Au contraire, un membre qui a seulement chauffé se guérit très bien. Les efforts de boulet sont moins graves; on arrive presque toujours à les solidifier.

Vous voilà donc monté d'une façon quelconque ; avant de paraître sur un hippodrome, il va vous falloir mettre votre hunter en condition. L'entraînement du cheval de chasse en vue d'une course d'amateur doit, d'après nous, différer sensiblement de l'entraînement des chevaux appelés à courir les épreuves plus sérieuses. Nous excluons, bien entendu, la préparation d'un hunter à des courses aussi sévères que la Croix-de-Berny et quelques autres cross-country. Cette préparation, en effet, ne doit différer en rien des procédés en usage pour amener un cheval tout prêt à courir, au poteau d'Auteuil. Ce que nous voulons dire, c'est qu'on ne saurait forcer l'amateur, celui qui monte en course de temps en temps pour son plaisir, à s'astreindre au travail, long, pénible quelquefois, toujours ennuyeux, de l'entraînement.

De plus, presque toujours, les jeunes gentlemen ne veulent point se priver du plaisir de monter leur cheval à la chasse ou à la promenade. Un moyen de concilier toutes ces exigences, c'est de donner au cheval un entraînement sommaire qui suffit dans la plupart des cas. Nous parlons, bien entendu, du hunter qui est en condition de travail, qui galope fréquemment à la queue des chiens et qui a déjà, à une époque quelconque, été entraîné. Nous l'avons entendu dire fréquemment aux entraîneurs, nous l'avons expérimenté nous-même, il suffira de donner à ce cheval des galops vites de loin en loin, sur de très courtes distances. Ce procédé permet de se servir du cheval aussi régulièrement que si on ne voulait point l'entraîner et permet de lui donner en même temps une certaine condition.

Quant au dressage sur l'obstacle, il est très facile à donner au hunter. Le cheval qui a chassé saute toujours; il suffira de prendre quelques obstacles dans le train pour le confirmer. Un certain nombre de gentlemen, et les plus autorisés, préfèrent même monter des chevaux mis à l'obstacle, à la chasse ou à la promenade par des gentlemen, que des chevaux de steeple-chase. Ils les croient plus adroits, moins sujets à la chute, sachant raisonner leurs obstacles et ne les abordant pas comme une manière de « mort subite. »

S'il nous est permis, en terminant ce chapitre, de donner quelques conseils aux jeunes gentlemen, nous leur recommandons avant tout de soigner leur propre entraînement, de se mettre eux-mêmes en condition.

C'est le grand point et bien souvent c'est plus au cavalier qu'au cheval que la condition fait défaut. Rien n'est plus désagréable que de se sentir au milieu d'une course à bout de bras et de souffle. Il est si facile de s'entraîner soi-même par un exercice quotidien. Cet entraînement n'est même pas pénible, à moins qu'on ne soit dans la dure obligation de se faire maigrir.

Oh ! la terrible chose que le poids ! Vous seuls le

savez, qui, maintes fois, avez dû déjeûner d'une croûte de pain grillé, arrosée d'une tasse de thé; et cela alors que votre estomac criait famine, que vous voyiez défiler devant vous les viandes les plus appétissantes et que vous respiriez les fumets les plus alléchants! Mais quels miracles ne ferait-on pas pour avoir le bonheur de galoper. Je me souviens d'un jeune officier, à Saumur, qui eut le courage de perdre quinze livres sans que son service en ait été dérangé un instant. Le comte de Lagondie cite des chasseurs anglais ayant perdu des poids bien plus considérables. Dans son livre si remarquable, on trouve, tout au long, l'art de s'entraîner et de perdre plusieurs stones.

Cette question du poids suffit pour écarter des hippodromes, un certain nombre de gentlemen; aux commissaires des courses à ne jamais fixer des poids trop légers. Sans être Sancho Pança, un honnête gentleman peut fort bien ne pas être Don Quichotte. Il n'y a aucune indignité à peser un poids respectable, c'est-à-dire un peu plus que Childs, Dodge, et T. Lane.

Puisse-t-on nous entendre et ne plus forcer à un jeûne continu ceux de nos confrères que la nature n'a point doués d'une taille minuscule et d'une maigreur idéale !

Et maintenant, avant de clore ce chapitre, qu'il nous soit permis d'adresser un dernier adieu à ceux qui nous ont quittés. Un homme entre tous laissera une place vide dans le monde du sport. Sans être lui-même un cavalier d'ordre exceptionnel, le baron d'Étreillis, par ses ouvrages, son expérience, son coup d'œil hippique, s'était conquis une place à part au milieu de tous ceux qui aiment et connaissent le cheval. Sa modestie, sa bonhomie, lui avaient attiré un grand nombre d'amis et c'est au milieu des regrets universels qu'il est disparu. Homme de cheval jusqu'à la dernière heure, il est mort des suites d'un coup de pied qu'il avait reçu au marché aux chevaux.

M. Ané aussi, ce jeune et sympathique gentleman est mort sur la brèche et tout le monde se souvient de la douloureuse impression ressentie à la suite de l'accident terrible dont il a été victime.

Laissons ici la parole au *Jockey*.

« L'un des plus tristes souvenirs qu'ait laissés l'année 1885 est sans contredit celui du terrible accident qui a coûté la vie à M. Ané. On sait qu'il s'est produit presque au lendemain du jour où ce gentleman venait de se classer parmi nos meilleurs cavaliers, en remportant avec *Panique*, à Chantilly, une victoire aussi brillante qu'inattendue. Le nombre tout à fait inusité des concurrents qui ont disputé le prix des Lions, avait donné à ce succès un relief tout particulier.

« Quinze jours plus tard, M. Ané montait *Tromperie* à Auteuil dans le prix de la Vénerie; l'accident dont il a été victime s'est produit non pas à un obstacle, mais sur le terrain plat. On raconte même à ce sujet que le propriétaire de Tromperie avait l'intention de déclarer forfait pour la jument. Un oubli, un accident quelconque l'empêcha d'accomplir ce dessein. Après sa chute, le malheureux gentleman fut transporté à l'hôpital Beaujon, d'où il ne devait sortir que pour être conduit à sa dernière demeure. Ses obsèques ont excité une émotion bien légitime, et nombre de notabilités du sport ont tenu à venir lui rendre un dernier hommage. »

Enfin au moment même ou nous écrivons les lignes qui précèdent, un terrible malheur est venu attrister le monde du sport. M. Torrance montait à la Croix-de-Berny (avril 1887), la jument Gabjie appartenant au comte de Madre. Lui-même avait mené le train, sauté tous les obstacles, et entrait dans ce champ labouré qui sert de ligne droite d'arrivée. Soudain, le cheval Clovis s'abat devant lui et il ne peut l'éviter. Écrasé entre les deux chevaux, il se mourait quand on le releva. Transporté dans la ferme voisine, il ne tarda point à rendre le dernier soupir. Tous les spectateurs de cette scène terrible n'oublieront jamais la stupeur qui se répandit dans l'assemblée.

Pauvre Torrance! Je le vois encore se mettant en selle. Plus pâle que de coutume, à cause du jeûne sévère qu'il avait dû s'imposer, sa figure portait un cachet de tristesse. Était-ce un pressentiment?

Comme gentleman-rider il était tout en tête. En 1886, ses deux chevaux, Victoire et Percy, montés, l'un par M. de Vésian, l'autre par lui-même, arrivaient premier et second dans le grand steeple de Dieppe. Succès peut-être sans égal.

Ses obsèques ont réuni la foule nombreuse de ses amis et c'est au milieu des larmes qu'ils lui ont dit le dernier adieu.

i

Liste des gentlemen-riders gagnants en courses plates, en France et en Belgique, depuis l'ouverture de la saison jusqu'au 30 septembre 1887 (d'après le « Bulletin officiel » de la Société d'Encouragement).

MM. De Saint-André	4
Comte Le Gualès de Mézaubran . .	4
M. Gillois.	3
Léonard.	3
E. de Chezelles	3
De Vésian.	3
G. Bisseuil	3
Thibault	3
Maurice Ephrussi	2
Rambaud	2
Vicomte de la Motte-Rouge	2
Comte de la Boutetière.	2
De Tauzia.	2
J. de Villemandy	2
Vicomte du Pontavice	2
Vicomte d'Espous de Paul.	2
Baron C. de Rochetaillée	2

Ont gagné chacun une course : MM. Varin, J. Desbons, L. Mourier, baron Meyer Bertaud, baron Dumanoir, Godinot, Goeffic, T. Dugas, L. Thouvenet, F. Roy, D. de Lophem, M. R. Haviland, de Tavernost, P. Cabaud, de Bruyer, H. de Jansac, Levequot, de Bacquencourt; Bourdette, G. Naégely, A. Corser, Maquignon, Giraud, J. Mory, F. Guyot, comte H. de la Rochefoucauld, Desbrière, Ed. Grardel, J. de Beynac, vicomte de la Panouse, G. de Fontenilliat.

Liste des gentlemen-riders gagnants en courses à obstacles, en France et en Belgique, depuis l'ouverture de la saison jusqu'au 30 septembre 1887 (d'après le « Bulletin officiel » de la Société des Steeple-Chases de France).

MM. J. Desbons	17
H. de Vésian	16
Halfort	15
Vicomte de Chefdebien	8
Comte de la Boutetière.	7
Comte Le Gualès de Mézaubran . .	7
Comte de Colbert	7
Dilschneider	6
De Tauzia.	6
Grangez du Rouët.	6
G. Aupècle	5
Léonard.	5
Grardel	5
Vicomte d'Armaillé	5
Varin	4
F. Roy . . . . ,	4
E. Deschamps.	4

De Villebois-Mareuil.	4
De Roujoux.	4
Féline.	4
De Fontenilliat	4
E. Guyot . . . . . , ...	3
De Bacquencourt	3
R. de Maistre	3
E. Courtois	3
E. Hache	3
De Porcaro	3
De Pourtalès.	3
Baron de Rochetaillée	3
Nivelle	3
De Vaulgrenant.	3
Trutat.	3
Vicomte d'Espous de Paul.	3
Le Flaguais	3
Baron E. Fleury.	3
E. Morgon	2
G. Mallet.	2
Billioque.	2
Blaque-Belair	2
D'Annoville.	2
De Vaubert	2

A. Magnier	2
Nougué.	2
Comte de la Rochefoucauld	2
De Prémonville	2
Parrot.	2
Hanashima	2
Ch. du Jonchay.	2
Vicomte de Planhol	2
De Verna	2
Rambourg.	2
De Ménonville.	2
Baille	2
De Maison-Rouge	2
H. de Villepin	2
Ball	2
Siméon	2
R. Frichon	2
Milleret.	2
Trébenne	2
Marin B. de Saint-André.	2
De Loisy	2
Jallibert.	2

Ont gagné chacun une course : MM. R. Astier, sir

John, Rambaud, P. Cabaud, comte A. de Lamotte, Depasse, Tinel, H. Beasley, de la Motte-Rouge, de Pommereau, de Moracin, Delorme, Leddet, Desvousges, Bisseuil, Prévost, Legras, de Boissard, Saverot, de la Ville-Beaugé, de Villemandy, M. Havilland, de Joybert, Ch. Hébert, Schmidt, J. S. Dawson, Amat, de Mitry, d'Aymery, Pelletier, P. Henrys, Cardot, Capitaine, Bastien, vicomte de Fontanges, Michaud, de Soyres, de Bréqueville, L. Thouvenet, du Peloux, Humphrey, Fleury, de Gazilly, de Rascas, F. Guyot, Levillain, Faure, Jobard, Espivent de Perran, Dufilhol, de Loynes, Petit, de Laire, Lafourcade, J. Brehier, de Lyée, E. de Sans de Marsan, Lambert, Tiollier, Prax, de Reiset et Brown.

RALLIE-PAPIERS

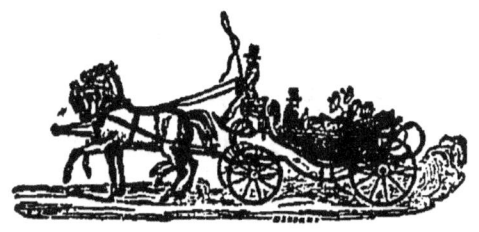

RALLIE-PAPIERS

RALLIE-PAPIERS, CROSS-COUNTRY

Ce qu'on appelle rallie-papiers. — Du tracé des parcours. — Du cheval de rallie-papiers. — Manière de suivre ces courses. — Rallie-Trianon. — Rallie-papiers de nuit. — Cross-Country. — Préparation du cheval.

J'ai entendu dire fréquemment aux hommes de cheval que « la chasse au renard est sans contredit la meilleure manière d'utiliser le cheval », au point de vue du plaisir, bien entendu.

Il n'est pas donné à tout le monde de chasser le renard ; ce luxe paraît être l'apanage exclusif des chasseurs de la Grande-Bretagne et des mortels privilégiés qui s'en vont chercher à Pau un climat plus doux et des plaisirs plus variés. Aussi doit-on, partout ailleurs, se contenter de ce qui est l'image de la chasse et courir des rallie-papiers.

Je ne crois pas qu'à aucune époque, ce genre d'exercices ait été autant à la mode qu'il l'est aujourd'hui. Il n'y a guère de villes de garnison, guère de villes où se trouvent quelques jeunes gens, qui n'aient, par an, un ou plusieurs rallie-papiers.

C'est toujours un coup d'œil magnifique que ces rendez-vous hippiques. Aux uniformes se mêlent les habits rouges ; le cheval normand y coudoie le pur sang, tous les genres sont représentés. Les manèges de la localité lâchent leurs arabes ou leurs vieux chevaux de réforme pour la circonstance ; les jeunes gens les moins amateurs de chevaux détellent leurs voitures, sellent le cheval paternel et partent en guerre tout comme les autres. Les trompes font retentir les airs des fanfares les plus variées ; tout le monde crie, tout le monde gesticule, et dans le lointain, comme fond de tableau, une file de voitures où sont empilées ce que la région renferme de jeunes femmes et de jolies filles.

Départ de la bête : on sème quelques papiers ; départ des cavaliers : et les voilà tous les uns sur les autres au départ, se distançant peu à peu sur la piste, se rencontrant de nouveau au premier défaut, tâchant de faire bonne contenance devant les voitures, criant, hurlant, vociférant, culbutant, remontant, sautant, galopant. Ils ne sont plus que quelques-uns tout en tête ; voici des haies, ce doit être l'arrivée... Non, il n'y a pas de drapeau, c'est plus loin... et au galop, toujours au galop, par-dessus les fossés, les troncs d'arbres, dans les trous, les rigoles et autres ornements du terrain.

Puis tout le monde se retrouve, les bouchons ont sauté depuis longtemps, quand les retardataires commencent à arriver : on les accueille en riant, et tout le monde boit, fume, mange, danse, tourbillonne en s'essuyant le front, sans souci de la fatigue... dont on s'occupera le lendemain.

Charmantes parties que celles-là, où tout le monde s'amuse, vainqueurs et vaincus, où les jouissances de la course s'allient à celles de la chasse, de l'inconnu en même temps qu'au plaisir de se trouver réunis.

Mais laissons de côté tout ce qui touche au sentiment et à la poésie. Fidèle à notre programme, envisageons ce qu'est un rallie-papiers, comment il doit être tracé, comment il doit être couru.

Nous ne définirons point ici un rallie-papiers : on sait que c'est une sorte de chasse où un cavalier qu'on appelle « la bête » part devant tous les autres, sème des papiers le long du parcours qu'il choisit, se montre enfin et se fait rejoindre au point où il veut que l'arrivée ait lieu.

On appelle *défauts* des pistes multiples tracées dans les carrefours, et destinées à faire hésiter, à tromper même, les premiers qui se présentent, de façon à permettre aux retardataires de rejoindre plus facilement. Le but des défauts est aussi d'empêcher un rallie-papiers de dégénérer en une vraie course de vitesse ; c'est même en cela que les rallie-papiers diffèrent des cross-country ou des courses ordinaires. Les chevaux de qualité, les cavaliers hardis sont obligés, comme les autres, de rompre leur train.

Il est toujours difficile de tracer un rallie-papiers. Il faut joindre une attention constante à une grande expérience, et se mettre toujours « dans la peau » des cavaliers qui suivront la piste. Un parcours bien fait ne doit pas être trop long. D'ordinaire, des distances de 12 à 15 kilomètres seront suffisantes. Je me souviens d'un rallie-papiers de vingt et quelques kilomètres, chevaux et cavaliers l'avaient très correctement suivi ; mais je crois qu'il est inutile d'abuser ainsi des distances : le plaisir n'est pas plus grand, et la difficulté non plus. Seuls les chevaux en souffrent, sans que leur fatigue soit compensée par un avantage quelconque.

Un principe paraît être admis par tous ceux qui ont une certaine expérience des tracés ; c'est que le parcours doit être de plus en plus droit à mesure qu'on approche de l'arrivée. On multiplie les fausses pistes au départ ; elles deviennent moins nombreuses vers le milieu et disparaissent tout à fait dans les deux derniers kilomètres.

C'est alors que se dessine la lutte qui vient se terminer par-dessus les obstacles.

Il n'y a aucun inconvénient à multiplier les crochets à angles aigus, les détours à angles droits, etc.

On ne doit, en effet, tenir aucun compte de ce qui peut favoriser la vitesse ; tout le long d'un rallie-papiers, les cavaliers doivent garder leurs chevaux dans la main, être toujours prêts à prendre une direction nouvelle.

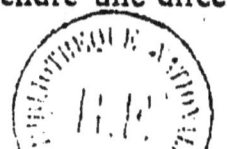

Les obstacles sont nombreux, puisque tous sont naturels : fossés, troncs d'arbres, chaussées maçonnées, etc. A l'arrivée, on place d'habitude des haies et quelquefois des barres. Les montées et les descentes, les « grimpettes », comme on les appelle, sont souvent la grosse difficulté du parcours. Il faut prendre soin, toutefois, de ne pas dépasser les limites du possible, comme nous avons vu le faire. Le danger devient alors extrême, puisque les cavaliers sont très rapprochés ou en file les uns derrière les autres. Qu'un cheval vienne à perdre l'équilibre, et c'est aussitôt une salade qui n'est certainement pas du goût de ceux qui en font partie.

Les « sous-bois » sont très utiles dans un parcours ; ils forcent à ralentir et à chercher attentivement les papiers. On doit éviter les fourrés par trop épais. Rien n'est plus désagréable pour un cavalier que d'être engagé sans pouvoir avancer ou reculer.

Les épines vous couvrent de piqûres, les branches vous arrachent les yeux, votre cheval trébuche à chaque instant ; c'est, en un mot, une situation très pénible.

D'aucuns pourtant trouvent que cela donne du piquant à un tracé de rallie-papiers. Les avis sont toujours libres : pour moi je trouve les plaisanteries de ce genre beaucoup trop piquantes.

Les terrains fangeux doivent être proscrits avec soin, cela va sans dire ; tous les autres terrains peuvent être traversés sans crainte. On ne saurait en effet astreindre un parcours aussi long à présenter partout un sol gazonné comme la pelouse de Longchamps. De plus, un rallie-papiers ne mériterait pas ce nom s'il ne traversait pas indistinctement champs, prairies, bois, bruyères, souvent même des cours d'eau.

Bien que ce genre d'exercices ne constitue point une course, il y a toujours un cavalier qui se présente le premier au point d'arrivée, marqué par un drapeau planté en terre ou tenu à la main par un juge. Pour entretenir l'émulation, on donne des prix ou plutôt des souvenirs aux cavaliers vainqueurs : médailles, oriflammes, nœuds ou flot de rubans, ces souvenirs sont des satisfactions d'amour-propre et on lutte pour les obtenir aussi sévèrement que s'il s'agissait d'épreuves importantes. Les chevaliers d'autrefois ne croisaient-ils pas la lance dans les tournois pour une simple écharpe ? Comme les souvenirs dont nous parlons, cette écharpe leur était donnée par une main féminine ; peut-être, après tout, est-ce cela qui en fait le prix ?

On nous demandera sans doute quel est le meilleur cheval de rallie-papiers. La question est difficile à résoudre ; le cheval, en effet, varie presque avec le cavalier.

Il est un point pourtant que l'on peut fixer d'une manière à peu près générale.

Il faut éviter, dans un rallie-papiers, le cheval qui tire. Obligé de changer à chaque instant d'allure et de direction, entouré à droite, à gauche, il devient extrêmement difficile de se débrouiller avec un de ces chevaux braqués sur le mors, que rien ne peut arrêter. C'est surtout sous bois qu'ils sont désagréables et j'ai vu souvent des genoux meurtris ou écrasés contre les arbres par ces douces montures.

Il se trouve des cavaliers qui les recherchent en leur donnant la qualité d'être « perçants » ; sans doute, ils sont perçants, mais comme le sanglier qui va devant lui en ouvrant lui-même sa voie.

Évitez donc ces chevaux qui tirent ; prenez un bon

hunter, près du sang s'il n'est pas de pur sang et habituez-le à rester toujours dans la main. Cela n'exclue point, comme on pourrait le croire, un point d'appui sérieux; il y a des chevaux parfaitement appuyés qui n'en sont pas moins maniables, et, puisque nous traitons ici cette question, rappelons que les Anglais fixent à trois livres l'avantage d'un cheval maniable sur un autre de qualité égale, mais moins assoupli.

Les obstacles se prennent comme à la chasse, c'est-à-dire, la plupart du temps, comme on peut les prendre. Les talus se descendent au pas et peuvent se monter au trot ou au galop.

Il ne faut pas oublier toutefois que les pentes exigent un effort considérable du cheval et qu'on doit toujours conserver un bout de train pour l'arrivée.

Quant à la manière de suivre un rallie-papiers, elle est bien connue de tous ceux qui ont quelque habitude de ce genre d'exercices. Inutile de se presser au départ; on est toujours sûr de rejoindre les premiers au prochain défaut. Ne point s'engager trop loin dans une piste, de peur qu'elle ne soit fausse; attendre prudemment qu'un autre plus ardent ait trouvé le chemin.

Se rapprocher peu à peu de la tête à mesure que le parcours devient plus droit ; se trouver des premiers à l'arrivée et alors, en face de la ligne droite, piquer franchement des deux, en demandant à son cheval le bout de train qu'on a su lui conserver.

Ainsi agissent les malins, ceux qui courent pour gagner. D'autres au contraire, et ceux-là ont raison, courent pour courir. Ils s'occupent peu de gagner ; mais ils suivent la piste, la déchiffrent, la redressent comme de vrais limiers. Souvent ils sont dépassés avant la fin ; en tous cas leurs chevaux sont trop épuisés pour fournir une arrivée.

Nous avons dit que ce goût des rallie-papiers s'était depuis quelque temps rapidement répandu en France. Aux environs de Paris, ces réunions sont nombreuses. Une société de jeunes gens, le « Paper Hunting Club », court les papiers tous les quinze jours ; les régiments de cavalerie se livrent fréquemment à ces excitations.

D'ordinaire on galope entre camarades, entre officiers ; puis une fois ou deux par an on se cotise et on offre une fête, un grand rallie où sont invités tous les cavaliers d'alentour. Enfin, une société s'est fondée en 1885, à Versailles, et a donné six rallie-papiers. Ces « Rallie-Trianon » ont été peut-être ce qu'on peut appeler l'idéal de ce genre de réunions. Il faut dire, pour être juste, qu'il est difficile d'avoir autant de cartes dans son jeu. Comme cadre : c'est le parc de Versailles avec ses belles allées, le plateau de Satory, les bois de Meudon, les coteaux de Buc ; comme cavaliers : les officiers de nombreux régiments, les jeunes gens de Versailles, les plus élégants et les plus hardis gentlemen riders de Paris, des amazones intrépides ; enfin un cortège de voitures, d'attelages où brillent à la fois le luxe, l'élégance et la beauté.

Le plus réussi peut-être de tous ces beaux rallie-papiers, fut celui qui, débutant par le parc de Versailles, se termina par une arrivée de 2,000 mètres vivement disputée sur le plateau de Satory.

Les souvenirs étaient toujours des oriflammes en soie et des flots de rubans. Les heureux vainqueurs étaient MM. de Ribains (2 fois), Finot (2 fois), Champion, Delmas.

Au dernier rallie-papier, le prix était une selle anglaise, elle a été gagnée par M. de Ribains.

Nous sommes heureux de donner ici ce témoignage à cette aimable Société du Rallie-Trianon. Tous ceux qui ont assisté à l'une de ces fêtes, s'associeront à nous, j'en suis sûr, pour remercier le sympathique président, M. Gast, qui s'est acquitté de ses fonctions avec tant de zèle et de succès. Une coupe d'argent lui a été offerte à la dernière réunion; jamais souvenir n'a été mieux mérité.

Nous devons dire quelques mots des rallie-papiers, qui, tout en conservant ce nom, diffèrent notablement de ce qu'on peut appeler la règle des rallie-papiers. Parfois, pour éviter la monotonie, à la suite, par exemple, d'une longue série de courses de ce genre, on s'amuse à varier les obstacles. Nous avons vu, un jour, une course où il fallait traverser un rideau, sauter plusieurs matelas, etc. Il suffit d'indiquer ici ce genre d'exercices sans le recommander du reste; c'est donner un côté comique aux rallie-papiers. Ce n'est plus de l'équitation sérieuse.

Il n'en est pas de même des rallie-papiers de nuit, et ce genre de courses présente un intérêt très grand. L'an dernier, les officiers du 14e dragons de la garnison de Saint-Cloud et quelques-uns de leurs camarades ont donné une fête qui a eu un plein succès. La tenue de rigueur, chemise et bonnet de coton, avait été unanimement adoptée. Chaque cavalier portait une lanterne vénitienne. La piste tracée comme de juste avec des papiers était rendue plus facile par des lumières placées de distance en distance. Le train n'a pas cessé un seul instant d'être très rapide ; les obstacles (car il y en avait) ont été crânement enlevés, et l'arrivée aux flambeaux par-dessus des flammes sur la chaussée de Ville-d'Avray était réellement féerique. Le vainqueur, M. Gianettini, eut cette bonne fortune d'emporter comme souvenir une peinture sur soie qu'un peintre militaire de la garnison de Saint-Cloud avait bien voulu offrir. Inutile d'ajouter qu'on a soupé et dansé jusqu'à une heure très avancée de la nuit.

Il s'est trouvé, il se trouve encore des gens qui qualifieront ces exercices de puérils, d'amusements peu sérieux. Nous leur répondrons ici ce que nous avons déjà dit plus haut : c'est qu'on ne saurait trop engager nos jeunes gens, militaires ou autres, à persévérer dans ces exercices d'équitation hardie, quelles que soient leurs formes, exercices qui nous assurent pour l'avenir, pour la guerre, des cavaliers comme nous voudrions en avoir un grand nombre.

Il n'est pas donné à tous de courir des steeple-chases; mais tous ceux qui sont jeunes, qui montent à cheval, peuvent courir un rallie-papiers. Voilà pourquoi il faut encourager ces fêtes. Elles instruisent, elles forment les cavaliers en les amusant. Aimez-vous mieux qu'ils s'amusent sans s'instruire ?

Enfin, il est encore un autre genre de rallie-papiers, que l'on qualifie de « Cross-Country ». Ce n'est pas tout à fait la course que nous avons baptisée de ce nom. C'est un rallie-papiers; mais sans défauts. Le parcours est droit; par conséquent, le train sera beaucoup plus rapide ; les sous-bois, les grimpettes rapides, les angles aigus très répétés subsistent néanmoins et empêchent ces courses d'être véritablement de classiques steeple-chases.

Parfois, enfin, on ressuscite l'ancienne course au clocher. On montre dans le lointain un point qu'il s'agit d'atteindre, par n'importe quel chemin. C'est la première forme des steeple-chases d'autrefois, et cela retombe dans ce que nous avons dit plus haut.

Pour toutes ces courses, évidemment, le cheval doit avoir une certaine condition. Nous croyons, toutefois, qu'il est inutile de le soumettre à un entraînement en règle comme le cheval de steeple. Il suffira de lui donner une bonne condition de travail, en lui faisant de temps en temps parcourir, au trot, des distances assez longues de 8 à 10 kilomètres par exemple. — Reste à définir ce que nous appelons condition de travail.

Nous entendons parler de la condition d'un cheval qui est monté tous les jours depuis déjà un temps assez long, qui fait un service suffisamment pénible.

Un pareil cheval est prêt à faire un rallie-papiers, pour peu, comme nous le disons plus haut, qu'on lui donne du souffle en prolongeant les temps de trot. C'est, si l'on veut, un demi-entraînement qui permet de demander un effort, et qui a sur l'entraînement ordinaire et complet, l'avantage énorme de pouvoir se garder très longtemps. C'est l'entraînement du hunter et du cheval d'armes.

Le plus difficile à éviter, c'est de dépasser la mesure et de trop entraîner. « Si le cheval, dit le comte de

Lagondie, a été réduit comme pour l'entraînement complet ; il s'exténue, devient une espèce d'ombre et ne peut pas continuer son métier. »

Le cheval de rallie-papiers doit sauter ; mais il doit surtout et avant tout être très adroit. Il faut qu'il ne saute que ce qu'il ne peut passer. Il y a presque toujours avantage, quand la vitesse n'est pas trop grande à passer les fossés peu profonds plutôt qu'à les sauter, à descendre les talus mêmes très rapides plutôt qu'à sauter de haut en bas, etc. Cette instruction se donne très facilement en conduisant le cheval à travers la campagne. Il s'y mettra, du reste, de lui-même en peu de temps. J'ai vu des chevaux sans expérience aucune devenir très habiles en quelques rallie-papiers. Il est vrai de dire que les premières fois ils avaient appris à leurs dépens et aussi à ceux de leur patron. Le cheval de cross-country ou de rallie-papiers courus très vite, sera le même que celui dont nous venons de parler. Il devra, toutefois, être sinon très rapide, du moins avoir un train raisonnable. En tout cas, il doit posséder beaucoup de fond et sauter très bien, puisque presque toujours il abordera relativement vite des obstacles inconnus.

Nous n'essaierons point de donner ici la liste des rallie-papiers. Autant les courses sont réglementées, fixes et immuables en quelque sorte, autant les rallie-papiers varient chaque année. Ils sont un peu à la vie sportive ce que sont les bals à la vie mondaine : une occasion de paraître en public avec ce que l'on possède de mieux ; une occasion de s'amuser ; une occasion de montrer ses talents et, ajoutons-le, une occasion de les perfectionner.

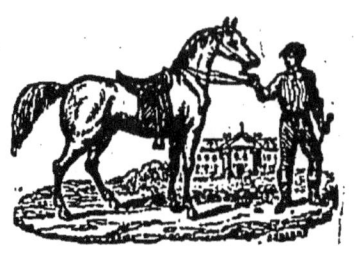

LES HUNTERS

DU CHOIX D'UN HUNTER

Voici que déjà tombent les premières feuilles, que la rosée matinale brille en gouttelettes perlées sur la mousse humide, que les bois vont bientôt étaler leurs squelettes dénudés.

A cheval, chasseur ! revêts ton habit rouge, boucle tes éperons, approche la trompe de tes lèvres, sus au cerf rapide, au sanglier hardi, au renard plein d'astuce !

Avez-vous, ces temps-ci, traversé le quartier des Champs-Élysées ? Êtes-vous passé par ces rues de Ponthieu, de Berry, des écuries d'Artois, etc., qui paraissent être la patrie et le refuge des maquignons de grand et petit calibres ? Vous avez dû y voir des jeunes gens, chapeau mou, veston court, jumelles en bandoulière, souliers de plus en plus pointus, favoris aux coupes extraordinaires. Suivez-les un instant dans leur excursion, écoutez-les.

Tous viennent chercher un cheval de chasse pour la saison qui va commencer, pas trop jeune, pas trop vieux, ni trop chaud, ni trop calme, ni brillant, ni laid, ni d'un prix élevé, ni d'un ridicule bon marché.

Le marchand, sans trouble, sans hésitation, fait sortir de ses écuries à peu près tous les chevaux qu'elles renferment. Il ignore lui-même souvent leur valeur, leurs qualités ou défauts et surtout leur passé. Qu'importe ? A l'acheteur il ne présentera que des chevaux de chasse remarquables, ayant fait plusieurs saisons dont ils se seront tirés avec gloire, sages aux chiens qu'ils n'ont peut-être jamais vus, durs à la fatigue qu'ils n'ont jamais endurée, droits à l'obstacle qu'ils n'ont jamais abordé. Remarque typique et générale : Ils n'ont jamais chassé qu'à Pau ou en Angleterre.

Faut-il s'étonner si nos jeunes gens remontés dans de pareilles circonstances, à de si mauvaise adresses, se trouvent arrêtés dès le début de la saison ? Le cheval ainsi acheté, soumis à des fatigues inconnues pour lui et auxquelles il n'est nullement préparé, ne tarde point à montrer une usure prématurée. On le voit passer au Tattersall, triste, maigre, le poil piqué, les boulets gros, les membres arqués et on se demande si un repos prolongé suffira pour raffermir sa constitution. D'autres fois, le hunter improvisé, mis en présence de difficultés nouvelles, conduit dans des terrains qui sortent un peu des chemins ordinaires, ne se fera que peu à peu à ce genre nouveau d'exercices ; ce sera souvent aux dépens de ses membres, plus souvent encore aux dépens de ceux de son cavalier.

Serait-il donc impossible d'étudier en quelques lignes ce que doit être un bon cheval de chasse, comment le veneur à l'automne peut se le procurer et quelles préparations il convient de lui faire subir ? Peut-être les jeunes gens qui débutent et ceux qui ont eu déjà des déboires nous sauront-ils gré de notre intention ; puissions-nous leur épargner quelques chutes. Ceux qui depuis longtemps déjà galopent à travers la ramée n'ont point besoin de nos modestes avis. Leur expérience vaut mieux que tous les conseils ; vous les trouverez toujours bien montés, chevaux du pays qu'ils habitent, percherons, limousins, normands ou anglais, ils ne sont point exclusifs ; ils prennent le bon cheval où ils le trouvent, et quand ils l'ont trouvé, ils le conservent.

Un vieux chasseur a toujours sinon de bons chevaux, du moins les chevaux qui lui conviennent, qu'il connaît et qui le connaissent. Il sera souvent à l'hallali, alors que les jeunes avec leurs chevaux brillants et pleins d'ardeur au départ resteront semés dans les sentiers de la forêt.

Solide, hardi, vigoureux, calme et infatigable, tel doit être le cheval de chasse. Les allures et le brillant ne doivent venir qu'après. Tout doit être sacrifié à cette qualité maîtresse, presque unique qu'on appelle : « Le perçant ». De l'avant et toujours de l'avant ! que le cheval soit adroit ; qu'il descende et grimpe les talus, qu'il ne roule pas sur les cailloux, qu'il saute au besoin d'une manière satisfaisante, mais le moins souvent possible ; qu'il ne tire point à la main sans toutefois affecter des descentes de main ou des plis d'encolure à la Baucher. Ajoutez encore les quelques qualités qui caractérisent le cheval ayant chassé, ne point frapper aux chiens, ne point s'effrayer des cris ou des fanfares : ce sera la perfection, vous aurez le modèle rêvé.

Mais où chercher ce phénix? Nous répondrons en vrai Normand, qu'il faut le prendre où on le trouve.

Il y a des chevaux dans toutes les races, dans tous les pays, qui font des hunters de premier choix. Et cela est d'autant plus vrai qu'en France, dans une chasse, la très grande vitesse est l'exception.

Nous nous souvenons avoir vu dans les équipages de l'Ouest des ponettes bretonnes ou percheronnes portant des poids très lourds, accomplir des chasses longues et difficiles, sans jamais rester en arrière, sans jamais se montrer inférieures aux chevaux de sang qu'elles accompagnaient.

Si maintenant l'on demande dans quel genre de cheval, dans quelle race il faut de préférence chercher le hunter, nous répondrons catégoriquement. Êtes-vous jeune, d'un poids ordinaire, cavalier aimant le cheval autant que la chasse, ne craignant point la fatigue ? Achetez un cheval de pur sang.

N'écoutez point les critiques ignorantes, les craintes surannées, les raisonnements d'une époque qui n'est plus. Ne craignez point de mettre un simple filet dans la bouche d'un de ces chevaux que vous avez applaudis jadis à Longchamps ou à Auteuil et d'aborder avec lui les difficultés de la chasse. Si vous le conduisez bien, vous aurez un hunter aussi calme, aussi sage, aussi résistant, aussi adroit que pas un. Vous pourrez demander à la fois vitesse et fonds, vous serez toujours le premier à la prise.

Soyez généreux, par exemple, ne marchandez pas ; ce cheval, si vous pouvez le trouver, est une perle qu'il ne vous faut pas laisser échapper. Et maintenant que le cheval est acheté, qu'il est chez vous, montez-le sagement. Tous les jours une promenade. Égarez-vous dans les bois, sans chercher les difficultés. Augmentez peu à peu la durée et la vitesse des allures. Forcez un peu la ration d'avoine, diminuez celle de foin et, quand vont retentir les premières fanfares, vous pourrez hardiment monter à cheval, sans crainte de rester en route.

Vous suivrez les chiens, vous passerez sans hésiter partout où ils passeront, vous connaîtrez ces jouissances du galop allongé par les belles matinées d'hiver, alors que le soleil essaie de percer le rideau de la brume. Debout sur les étriers, l'éperon au poil, la tête haute, vous verrez passer devant vous arbres, sentiers, talus et ruisseaux ; vous sentirez l'air frais qui vous fouettera le visage. Voici l'animal : Pull-Up, un dernier effort et vous arrivez à temps pour enfoncer le couteau.

Quels bons chevaux que les chevaux de chasse et quels bons chevaux de chasse que les chevaux de pur sang !

CONCOURS HIPPIQUES

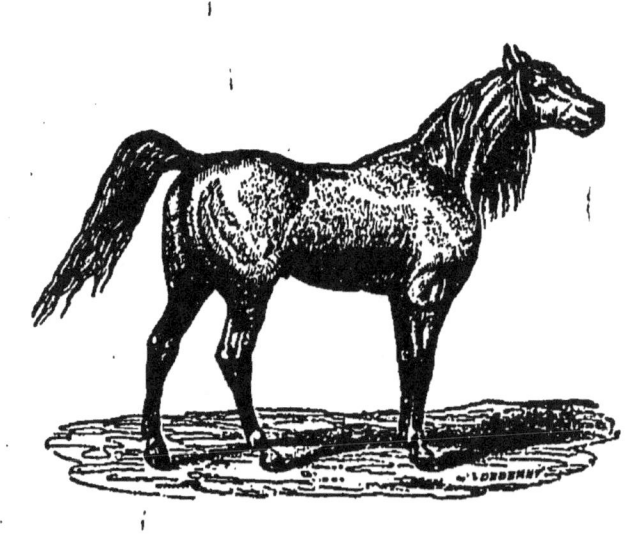

CONCOURS HIPPIQUES

Définitions. — Prix. — Règlements. — Courses d'obstacles. — Choix d'un cheval. — Sa préparation.

Tous les ans, quand les premiers bourgeons commencent à éclore, quand les marronniers revêtent leur robe de verdure, au printemps, en un mot, pour parler sans emphase, le Palais de l'Industrie présente un spectacle inaccoutumé.

Sous la voûte de sa porte passent et repassent tout ce que Paris renferme de gentlemen, d'officiers, d'amateurs du cheval, d'élégants, d'oisifs, de jolies femmes, de matrones respectables, etc., etc. Et quand trois heures ont sonné, quand, sur tous les gradins, il serait difficile de trouver la moindre place vide, on peut dire que le vaste palais renferme dans ses murs une réunion unique au monde. Pourtant la même année voit défiler à la même place toute une série d'expositions différentes. Aucune, pas même le salon, n'a le privilège de fixer l'attention, d'attirer aussi invinciblement que le concours hippique.

Il est bien inutile d'essayer de décrire au point de vue pittoresque, le spectacle qu'offrent à la fois la piste et les tribunes. Les journaux, les revues, les albums sont remplis de descriptions et de dessins où l'on trouve racontées et représentées les scènes du concours, côté sérieux, côté gai, ou même côté tout à fait comique. Pour ne citer qu'un nom, ouvrez le livre si rempli d'humour que le spirituel amateur Crafty a publié sous le nom de « Paris à cheval ». Vous y verrez sous toutes les formes les désagréments auxquels peut s'exposer un cavalier en affrontant les obstacles du concours.

Établissement d'utilité publique, la Société hippique française a largement mérité ce titre. On peut dire que l'impulsion qu'elle donne par toute la France à l'industrie chevaline est énorme. Non moins grande est celle qu'elle donne à l'équitation. Il est de bon ton de monter au concours et comme pour y paraître, il faut que cavaliers et chevaux soient présentables et corrects, c'est un stimulant parfait pour forcer les jeunes gens à corriger leur manière de monter, dans ce qu'elle a de défectueux.

L'article premier du règlement est le suivant :

« Six concours hippiques auront lieu en..., à Bordeaux, Nantes, Paris, Vichy, Lille et Nancy[1]. »

On le conçoit aisément, celui de Paris est de beaucoup le plus considérable, d'abord parce qu'il est à Paris et ensuite parce que les chevaux de tous les départements y sont admis. Dans les autres villes, où la Société tient ses assises, on a fixé une circonscription renfermant un certain nombre de départements. Les chevaux qui sont nés et élevés dans la région sont seuls admis à concourir.

Nous avons peu de choses à dire sur des prix que la Société décerne aux jeunes chevaux de quatre à

---

1. Un assez grand nombre de sociétés hippiques se sont formées en province. C'est ainsi qu'il existe des concours à Brest, Rennes, Saint-Malo, Le Mans, etc. Ces sociétés adoptent en général les règlements de la Société hippique française.

six ans, présentés attelés seuls ou à deux. On les appelle prix de classes. On distingue quatre de ces classes suivant la taille des chevaux. Une cinquième classe est affectée aux chevaux de selle. Bien que cela ne rentre guère dans notre cadre, nous reproduisons les articles du règlement qui la concernent :

5e CLASSE

CHEVAUX DE SELLE

1re CATÉGORIE. — Taille : $1^m,55$ et au-dessus.

Première division. — Chevaux de 4 ans.

1er prix :	1 médaille vermeil et	.... fr.	750		
2e —	1 —	argent	....	650	fr.
3e —	1 —	—	....	550	2,400
4e —	1 —	—	....	450	

Deuxième division. — Chevaux de 5 et 6 ans.

1er prix :	1 médaille vermeil et	.... fr.	750		
2e —	1 —	argent	....	650	fr.
3e —	1 —	—	....	550	2,400
4e —	1 —	—	....	450	

2ᵉ CATÉGORIE. — Taille inférieure à 1ᵐ,55.

Première division. — Chevaux de 4 ans.

1ᵉʳ prix : 1 médaille vermeil et . . . . fr. 600 ⎫
2ᵉ   —   1   —   argent . . . .   500 ⎬ 1,800 fr.
3ᵉ   —   1   —   —   . . . .   400 ⎪
4ᵉ   —   1   —   —   . . . .   300 ⎭

Deuxième division. — Chevaux de 5 et 6 ans.

1ᵉʳ prix : 1 médaille vermeil et . . . . fr. 600 ⎫
2ᵉ   —   1   —   argent . . . .   500 ⎬ 1,800 fr.
3ᵉ   —   1   —   —   . . . .   400 ⎪
4ᵉ   —   1   —   —   . . . .   300 ⎭

3ᵉ CATÉGORIE. — Sans distinction de taille.

Chevaux de pur sang, de 4 à 6 ans.

1ᵉʳ prix : 1 médaille vermeil et . . . . fr. 700 ⎫
2ᵉ   —   1   —   argent . . . .   500 ⎬ 1,600 fr.
3ᵉ   —   1   —   —   . . . .   400 ⎭

4ᵉ CATÉGORIE. — Sans distinction de taille.

Chevaux français de 4 à 6 ans inscrits sur les contrôles de l'armée engagés et montés par des militaires en uniforme.

Engagements à faire aux dates prescrites à l'article premier du Règlement général.

1ᵉʳ prix : 1 médaille vermeil et 1 objet
   d'art de la valeur de . . . . fr. 250
2ᵉ prix : 1 médaille d'argent et 1 objet
   d'art de la valeur de . . . . fr. 200
3ᵉ prix : 1 médaille d'argent et 1 objet
   d'art de la valeur de . . . . fr. 150
4º prix : 1 médaille d'argent et 1 objet
   d'art de la valeur de . . . . fr. 125
5º prix : 1 médaille d'argent et 1 objet
   d'art de la valeur de . . . . fr. 100

} fr. 825

Total : 24 prix.

Ce règlement est celui du concours de Paris, ceux des autres villes n'en diffèrent que très peu.

Quelques gentlemen et surtout quelques officiers prennent plaisir à présenter des chevaux dans cette cinquième classe. Jusqu'ici on reproche généralement aux chevaux présentés de ne pas être suffisamment dressés, assouplis, manégés. Pourtant les épreuves exigées sont de la plus grande simplicité. L'an dernier, pour vérifier jusqu'où le dressage avait été poussé, les juges ont fait placer de très petites haies que les chevaux ont dû sauter.

Nous n'eussions point parlé du concours hippique, s'il ne nous intéressait plus directement. Puisque nous avons entrepris de parler, un peu à tort et à travers des courses d'amateurs, nous ne pouvons oublier que le concours en offre de très brillantes, d'un ordre il est vrai tout particulier, mais qui n'en sont pas moins intéressantes.

Les épreuves d'obstacles ont été attaquées bien souvent; on les a qualifiées ironiquement de « steeple-chases en chambre; » mais on a eu beau faire et beau crier, elles ont su se maintenir et jouissent plus que jamais d'une juste réputation. Sans doute ce n'est pas le beau sport de Cross-Country, dont nous avons parlé plus haut, où le cavalier s'occupe peu d'accrocher un talus, une haie ou un mur, pourvu qu'il se trouve sain et sauf de l'autre côté. Sans doute il y a un côté mesquin dans ces épreuves où il ne faut pas affleurer la barre, sous peine de la faire tomber, où le fer du cheval ne doit jamais égratigner une haie, où enfin il faut absolument amener un dada de manège complètement assoupli. Mais il n'en est pas moins vrai qu'il faut de la vigueur et de l'habileté pour faire un parcours. Nous irons même plus loin et nous dirons qu'il est largement aussi difficile de sauter au concours que de courir un Cross-Country. Du reste, hâtons-nous de le dire, à part quelques exceptions, ceux qui critiquent ne sont pas ceux qui pratiquent.

Comme on le sait généralement, les épreuves d'obstacles du concours hippique consistent à sauter un certain nombre de haies, barres, etc., etc., en les touchant le moins possible. Ces obstacles, disons-le de suite, sont élevés : leur hauteur varie quelque peu; aussi ne pouvons-nous donner leurs dimensions exactes; presque toujours, ils ont un mètre et quelques centimètres. On change tous les jours le dispositif du parcours; mais on est toujours sûr de rencontrer : deux haies. Ce sont des haies dans le genre de celles des hippodromes suburbains. Les ajoncs dépassent un peu la dernière barre latérale qui servent à les fixer. Ces haies, ou claies sont légèrement inclinées.

Une barre. — Elle n'est pas très élevée; et, de plus, il y en a deux, l'une au-dessus de l'autre, ce qui facilite le saut en attirant plus vivement l'œil du cheval.

Un mur en planches. — On le nomme vulgairement piano à cause de sa resemblance avec un de ces instruments. Il est recouvert d'un chapiteau mobile.

Une rivière. — C'est là le grand écueil pour beaucoup de chevaux; cette rivière est bordée d'une petite haie de chaque côté, ce qui permet de la faire sauter dans les deux sens. La largeur est d'environ 3^m,50.

Pour les prix importants on ajoute un bull-finch qu'on dispose fréquemment après la barre de façon à former double obstacle.

Et maintenant donnons *in extenso* les règlements des courses à obstacles.

CONDITIONS PARTICULIÈRES

DU CONCOURS SPÉCIAL DES CHEVAUX SAUTANT DES OBSTACLES

ART. 1er. — Le concours des chevaux sautant des obstacles n'est pas une course.

Art. 2. — Les épreuves devant le jury consistent :

CONCOURS MILITAIRES[1]

1re *division*. — 1re catégorie (officiers).
2e — — (sous-officiers).

2 tours de la piste au galop, en franchissant 8 obstacles au moins.

1re *division*. — 2e, 4e et 5e catégories et la coupe (officiers).

3e *division* (sous-maîtres des écoles).

3 tours de la piste au galop, en franchissant 12 obstacles au moins.

---

1. En 1886, tout récemment par conséquent, l'autorité militaire a défendu aux officiers et aux sous-officiers de monter au concours hippique. Nous laissons cependant subsister dans notre travail les prix et épreuves d'autrefois. Il sera toujours intéressant de se souvenir de ce qui se faisait, et, bien des gens l'espèrent, de ce qui se fera encore.

On permet aujourd'hui aux officiers de monter en habit rouge, mais avec des chevaux n'appartenant pas à l'État.

CONCOURS CIVILS

1re, 3e et 4e catégories :

2 tours de la piste au galop, en franchissant 8 obstacles au moins.

2e et 5e catégories et la coupe :

3 tours de la piste au galop, en franchissant 12 obstacles au moins.

Art. 3. — Dans les prix couplés, 1re division, 3e catégorie, le juge forme les couples en tenant compte du caractère et du style déployés par chaque cheval, en faisant le premier tour isolément.

Les prix sont donnés aux couples qui ont le mieux franchi les obstacles et avec le plus d'ensemble en faisant un ou deux tours de la piste suivant l'ordre du juge.

Art. 4. — Les poids sont les suivants pour toutes les catégories :

Chevaux de 4 ans. . . . . 65 kilogr.
— 5 ans et au-dessus. . 70 —

Tout cheval, lors de sa rentrée après l'épreuve accomplie, qui sera reconnu ne pas porter le poids réglementaire, sera mis hors concours.

Art. 5. — L'entrée est fixée à 20 francs par cheval dans chaque catégorie, excepté dans celles exclusivement réservées aux militaires en activité de service montant en uniforme.

Art. 6. — Dans les courses d'officiers et dans les courses réservées aux civils, les départs ont lieu dans l'ordre d'inscription au tableau du pesage.

Dans les courses des sous-officiers, les départs ont lieu dans l'ordre du programme.

Art. 7. — Toute épreuve interrompue par un accident indépendant de la volonté du cavalier est reprise aussitôt après l'accident réparé, au point même où elle a été interrompue, à moins d'une décision contraire du président du jury.

Art. 8. — Si plusieurs chevaux, concourant les uns contre les autres, franchissent les obstacles avec un égal mérite, le prix est donné à celui qui est jugé supérieur au point de vue de la conformation.

Art. 9. — Les personnes qui présentent, vendent ou exercent des chevaux, soit à la selle, soit à la voiture, par profession ou même accidentellement, dans un but lucratif, ne sont pas admises à monter dans les courses d'obstacles réservées aux gentlemen.

Art. 10. — Les sous-officiers en activité de service ne peuvent monter que dans les courses de la 2e division et les selles anglaises.

Les chevaux engagés pour les prix de la 2e division, réservés aux sous-officiers, ne peuvent l'être dans les autres divisions, ni pour la coupe.

Art. 11. — Le cheval désigné pour un prix qu'il obtenu l'année précédente, au même concours, dans la même division ou catégorie, n'aura droit qu'au rappel de son prix constaté par une médaille en argent.

Les chevaux ayant remporté des prix extraordinaires, ne peuvent obtenir, les années suivantes, dans le même concours, que des rappels de prix.

Art. 12. — Les prix remportés par des militaires en activité de service montant en uniforme, ne sont pas décernés en argent.

Art. 13 — Les décisions du jury, soit sur les épreuves, soit sur l'application du règlement, sont sans appel.

Les conditions générales énoncées ci-dessus ne varient dans aucun des concours. Il n'en est pas ainsi des prix dont le nombre et la valeur ne sont pas les mêmes à Paris et en province.

Au concours central, à Paris, les officiers ont à courir six épreuves dont voici les noms :

1re *Épreuve.* 5 prix.

Chacun de ces prix comprend une médaille d'argent et un objet d'art variant de 500 à 100 francs.

Il existe une épreuve séparée pour la cavalerie légère et une pour les officiers des autres armes.

2° *Prix des Dames.* — 4 prix.

3° *Prix couplés.* — 5 prix égaux consistant en 2 médailles d'argent et 2 objets d'art de la valeur de 100 fr.

4° *Prix des Steeple-Chases.* — Ce prix est réservé aux officiers ayant couru des steeple-chases militaires. On y admet indistinctement des chevaux de tout âge et de toute nationalité, tandis que les autres épreuves sont réservées aux chevaux inscrits sur les contrôles de l'armée. Les steeple-chases comprennent seulement trois prix.

5° *Prix des Lauréats*. — « Ne sont admis à concourir que les officiers ayant remporté un premier ou un second prix l'année précédente ou l'année courante dans l'un des six concours de la Société et montant des chevaux inscrits sur les contrôles de l'armée. » 6 prix.

6° *La Coupe*[1]. — Prix unique, 1 médaille vermeille et un objet d'art de la valeur de 1,000 francs.

Telles sont les épreuves réservées aux officiers. Si nous y ajoutons une épreuve pour les sous-officiers des régiments stationnés dans la circonscription, une autre pour les sous-maîtres des écoles, nous avons parcouru

---

1. Ce beau prix de la Coupe réunit toujours une trentaine de concurrents, au moins. Il a été gagné, en 1883, par M. de Quincey, lieutenant de dragons, montant *Palissandre*; en 1884, par M. de la Jonquière, lieutenant d'artillerie, montant *Secte*; en 1885, par M. Domenech de Cellès, lieutenant instructeur à Saint-Cyr, montant *Aïda*; enfin en 1886, par M. de Carmejane, lieutenant d'artillerie, montant *Légation*.

rapidement ce qu'on peut appeler « l'élément militaire du concours. »

Les gentlemen ont à peu près le même nombre de jours. Il y a bien 6 épreuves civiles; mais il y en a une réservée au personnel des écoles de dressage.

On admet aux épreuves civiles des « chevaux de tout âge et de toutes nationalités non inscrits sur les contrôles de l'armée, engagés et montés par des gentlemen portant l'habit rouge, la culotte, les bottes et le chapeau à haute forme ou le bouton d'un équipage de chasse à courre connu. »

« Les officiers en activité de service ne peuvent pas monter dans cette catégorie. »

Les épreuves civiles sont :

1º Le prix dit de première catégorie. — 4 prix.

2º Prix des Dames. — 4 prix.

3º Prix d'essai. — Obstacles de 0^m,60 de haut seulement, pas de rivière. Ce prix, comme son nom l'indique, est réservé aux débutants ; c'est à des gentlemen « n'ayant jamais gagné de prix de courses et obstacles sur aucun hippodrome. »

4° Prix des Écoles.

5° Omnium.

6° La Coupe.

Voilà toutes les épreuves d'obstacles du concours. Nous signalons pourtant encore les prix internationaux (voiture et selle). Le concours de selle, le jour des prix internationaux, est toujours très-brillant à cause du nombre de chevaux présents. Le jury fait trotter, galoper, sauter tout cela ensemble et distribue les prix de son mieux. Il y a 25 prix internationaux comprenant une médaille d'argent et 40 francs pour l'écurie.

Nous ne surprendrons personne en affirmant que le concours d'obstacles est la grande attraction du concours. Les péripéties ne manquent pas; les uns s'arrêtent, d'autres se dérobent, quelques-uns culbutent, un grand nombre enfin sont très-corrects. Il n'en faut pas tant pour soutenir l'attention, mais cette attention même, est une menace perpétuelle pour le malheureux qui s'exténue à franchir les obstacles. Il la sent peser sur ses épaules, il sent des milliers de regards fixés sur lui (et souvent dans le nombre, il y en a qui l'intéressent particulièrement). Quelle terrible chose, pense-t-il, s'il manque un obstacle, s'il tombe, s'il est ridicule. Et il n'a pas toujours tort! Il est si facile au meilleur cavalier de ne pas réussir!

Il est si facile même de friser un instant le comique ou le ridicule! Mais bah! un instant de honte est bien vite passé et il est toujours permis d'essayer une revanche.

On hésitait, au début, à permettre aux officiers d'affronter le concours et surtout le public. Quand on a payé son entrée, on croit souvent avoir le même droit qu'au théâtre, celui d'applaudir ou de siffler. On craignait que l'uniforme ne souffrît quelque peu de ce droit et on ne voulait pas donner l'armée en spectacle.

Bref, on se décida. Le succès a ratifié cet essai.

Les gentlemen ne sont point en reste : on peut dire aussi qu'ils ont réalisé de grands progrès. Ils sont plus nombreux qu'autrefois, et parmi eux, on applaudit tous les ans des gentlemen-riders de premier ordre.

Et maintenant se pose ici la question, toujours la même, que nous avons essayé de résoudre après chacun de nos chapitres : Quel cheval faudra-t-il conduire au concours? Comment faudra-t-il l'y préparer?

Malgré toutes les apparences, le meilleur cheval de concours n'est point le hunter expérimenté qui a passé sa vie, pour ainsi dire, à franchir des obstacles. Sans doute, il saute toujours très-bien, il refuse rarement, il tombe plus rarement encore; mais son expérience est trop grande pour que vous puissiez l'amener à franchir une haie sans toucher les quelques branches flexibles qui la surmontent. Au concours, c'est là le point délicat. N'allez donc pas chercher ni un hunter adroit ni un vieux steeple-chaser. Nos grands vainqueurs des luttes hippiques feraient presque toujours mauvaise figure au Palais de l'Industrie.

Le cheval qu'il vous faut, c'est un cheval bien conformé, d'un caractère à toute épreuve, plutôt froid qu'ardent, plutôt petit et près de terre que grand et enlevé.

Il n'y a pas d'autre règle à observer.

Peu importe le degré de sang; on a vu des percherons réussir aussi bien que des chevaux tracés.

Comme préparation, vous ferez peu sauter. L'usage de la longe et surtout du saut en ligne droite et en liberté, si vous pouvez le faire, est la meilleure préparation que vous puissiez donner.

Le cheval devra sauter plutôt vite que lentement. Contrairement à l'opinion d'un grand nombre, le saut à une bonne allure est beaucoup plus sûr et toujours plus brillant que le saut ralenti. Sans doute, ce dernier exige plus de science, plus de préparation, un cheval plus assoupli; mais pourquoi assujettir un cheval à ce travail fatigant, qui le réduit à l'état de mécanique?

Nous pourrions exposer plus longuement les principes admis généralement pour la préparation d'un cheval à l'obstacle.

Outre qu'ils sont connus de tous les cavaliers, ils sont tellement nombreux et varient tellement avec chaque animal que nous ne pourrions rester dans les limites que nous nous sommes imposées.

Nous bornons donc ici les réflexions que nous avons semées un peu pêle-mêle sur les différents genres de courses.

Notre but serait atteint si nous pouvions contribuer à en répandre le goût chez les jeunes gens, si nous pouvions aider le développement de l'équitation hardie ; si nous pouvions faire aimer un peu plus en France ce brave serviteur, cet ami précieux : le cheval.

Si nous atteignons ce but, nous nous croirons largement récompensés.

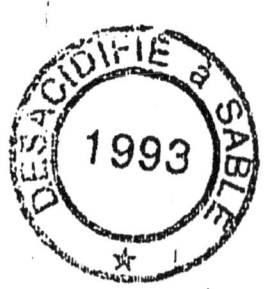

TABLE DES MATIÈRES

	Pages
Courses militaires.	1
Courses de gentlemen.	31
Rallie-papiers.	91
Choix d'un hunter	111
Concours hippiques	119

ANGERS, IMP. BURDIN ET Cie, RUE GARNIER, 4.

www.ingramcontent.com/pod-product-compliance
Lightning Source LLC
Chambersburg PA
CBHW052301220526
45471CB00001B/435